투닝의 모든 기능, 200% 활용!

투닝으로 시작하는
인공지능 웹툰 작가

툰스퀘어, 박정호, 강도연, 김혜란, 김혜진, 노상민, 정연채 **지음**

TOONSQUARE Stories Change the World.   **진주교육대학교 교육대학원**

투닝으로 시작하는
인공지능 웹툰작가 초등학교 고학년용

초판 발행 2025년 1월 31일

지은이 툰스퀘어, 박정호, 강도연, 김혜란, 김혜진, 노상민, 정연채

펴낸곳 툰스퀘어 **출판등록** 2024년 6월 5일 제 2024-000100호

주소 서울특별시 서초구 매헌로8길 39

전화 050-7458-2020 **이메일** support@tooning.io

홈페이지 www.tooning.io **블로그** blog.naver.com/tooning_io

ISBN 979-11-988041-4-3(13000)

가격 13,000원

투닝의 모든 기능, 200% 활용!

투닝으로 시작하는 인공지능 웹툰 작가

툰스퀘어, 박정호, 강도연, 김혜란, 김혜진, 노상민, 정연채 **지음**

초등학교 고학년용

머리말

**"우와! 정말 신기하고 재미있네,
나도 멋진 웹툰을 만들 수 있을까?"**

인공지능은 데이터 기반의 문제 해결에서 출발하여 스스로 텍스트, 이미지, 음성 등 새로운 콘텐츠를 만들어 내는 생성형 AI로까지 발전하고 있습니다. 이는 인간의 창의성을 보완하고 다양한 분야에서 혁신적인 활용 가능성을 열어가고 있습니다.

이 책을 통해 소개하는 투닝(Tooning)은 ㈜툰스퀘어에서 만든 웹 브라우저 기반의 생성형 AI 프로그램으로 캐릭터 콘텐츠를 만들며 자연스럽게 생성형 AI를 배울 수 있도록 하는 에듀테크입니다.

투닝에는 미래 지향적인 인재를 기를 수 있는 다양한 기능이 있습니다. 투닝 캐릭터를 활용해 웹툰을 만들 수 있는 '투닝 에디터', 다양한 직업, 역사적 인물 등과 같은 생성형 AI와 대화를 할 수 있는 '투닝 GPT', 다양한 화가의 화풍, 이미지 스타일 등의 생성형 AI로 작품을 만들 수 있는 '투닝 매직', 자신이 만든 창작물을 공유할 수 있는 '투닝 보드'가 있습니다.

학생들이 투닝으로 즐겁게 인공지능을 배울 수 있도록 다음과 같이 구성하였습니다.

Part1에서는 투닝의 시작을 준비하고 Part2에서는 5~6학년 교육과정 내용과 연계하여 12개의 프로젝트를 통해 자연스럽게 투닝 보드부터 투닝 에디터, 투닝 매직, 투닝 GPT까지 깨우칠 수 있도록 구성했습니다. 마지막으로 Part3에서는 투닝을 활용해 혼자 또는 친구들과 함께 가볍게 놀이를 할 수 있도록 하였습니다.
이 책과 '투닝(Tooning)'이 여러분이 가지고 있는 열정과 창의적인 아이디어를 마음껏 펼치는 데 도움이 되었으면 좋겠습니다.

〈투닝으로 시작하는 인공지능 웹툰 작가〉 저자 일동

"나도 이제 웹툰 크리에이터!!
어떤 일을 꾸준히 하는 것은 쉽지만은 않습니다.
하지만 포기하지 않고 한 단계씩 꾸준히 해낸다면,
그게 무엇이든 꼭 이루어질 것입니다."

목차

집필진 소개

박정호

(현) 진주교육대학교 컴퓨터교육과 교수

서울교육대학교 초등교육 학사

한국교원대학교 컴퓨터교육 박사

Tufts Univ. CEEO. Research Scholar(2013)

(저서) 예비교사를 위한 디지털교육(2024), 엔트리코딩탐정(2021), 파이썬으로 무인도 탈출하기(2019), 코딩펭귄의 남극대탐험(2019), We Can Do It! with WeDo 2.0(2019) 외 다수

강도연

(현) 진남초등학교 교사

진주교육대학교 초등교육 학사

진주교육대학교 교육대학원 AI융합교육전공 석사 재학 중

김혜란

(현) 남해초등학교 교사

진주교육대학교 초등교육 학사

진주교육대학교 교육대학원 AI융합교육전공 석사

교실혁명 선도교사(2024) / T.O.U.C.H 교사단(2기)

AIEDAP 마스터 교원(2024) / 교육과정 선도교원(2024)

김혜진

(현) 거제중앙초등학교 교사

진주교육대학교 초등교육 학사

진주교육대학교 교육대학원 AI융합교육전공 석사

노상민

(현) 내동초등학교 교사

진주교육대학교 초등교육 학사

진주교육대학교 교육대학원 AI융합교육전공 석사

교실혁명 선도교사 (2024) / 교육부 AIEDAP 마스터교원

뤼튼선도교사단 / 경상남도교육청 아이톡톡 지원단

정연채

(현) 평거초등학교 교사

진주교육대학교 초등교육 학사

진주교육대학교 교육대학원 에듀테크전공 석사 재학 중

PART

1

투닝, 알아볼까?

생성형 AI 투닝이 무엇인지 알아봐요.

※ 투닝 매직 기능으로 만든 김홍도 화풍의 그림입니다.

배움 주제

투닝에 대해 알아봅시다.

아휴... 이걸 대체 어떡하면 좋지?

어라? 무슨 일인데 한숨을 그리 쉬고 있어?

큰일이야, 큰일! 학교 숙제로 어제 있었던 일을 만화로 표현해야 하는데, 나는 그림을 정말 못 그린단 말이야.

에이~ 난 또 뭐라고!
[ㅌ ㄴ]으로 그리면 되지!

[ㅌ ㄴ]? [ㅌ ㄴ]이 뭐야?

세상에... 너 아직도 [ㅌ ㄴ]을 몰라? [ㅌ ㄴ]은 [ㅅ ㅅ ㅎ]AI를 활용해 쉽고 간단하게 [ㅇ ㅌ]을 만들 수 있는 사이트야!

뭐? 그런 좋은 사이트가 있다고?
고마워. 당장 [ㅌ ㄴ]과 함께 만화를 만들어봐야겠어!

힌트 정답 : 투닝 (생성형 챗지피티), 웹툰, 초성 '투닝유용'

투닝 배움

1. 투닝(Tooning)이란?

투닝(Tooning)은 ㈜툰스퀘어에서 만든 웹 브라우저 기반의 인터넷 프로그램입니다. 많은 사람이 캐릭터 콘텐츠를 만들며 창작의 즐거움을 누릴 수 있도록 만들어졌어요. 투닝을 통해 제공되는 생성형 AI로 학생, 선생님 누구나 콘텐츠를 기획하고 만들 수 있습니다.[1]

> 웹 브라우저란, 우리가 인터넷을 사용할 때 사용하는 접속 프로그램을 말해요.
> 인터넷의 콘텐츠에 접근할 수 있도록 도와주는 응용 프로그램이에요.

현재 투닝에는 여러 재미있는 기능들이 있습니다. '투닝 에디터'를 사용하면 웹툰과 같이 이야기가 있는 콘텐츠를 만들 수 있고, '투닝 매직'을 사용하면 글을 넣어 원하는 그림을 만들 수 있습니다. '투닝 GPT'는 역사 속 인물들과 대화하거나 모르는 것을 물어볼 수 있는 선생님이 되어주며, '투닝 보드'에서는 내가 만든 작품을 친구들이나 선생님과 함께 나눌 수 있습니다.

---

1   생성형 AI 투닝, 수업의 터닝포인트가 되다 vol.1 초등편 / 중등편

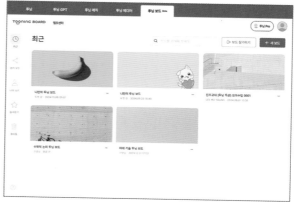

이런 투닝의 여러 기능을 사용하면 내 생각을 그림이나 만화로 표현할 수 있고, 역사 속 인물이나 가상의 선생님과 이야기하며 자기 생각을 정리할 수도 있습니다.

2. 생성형 AI(Generative Artificial Intelligence)란?

투닝에서는 어떻게 이런 멋진 기능들을 사용할 수 있을까요? 그건 바로 생성형 AI 기술을 사용하기 때문입니다. 우선, 생성형 AI를 알아보기 전에 AI를 먼저 알아봅시다.

인공지능, 즉 AI(Artificial Intelligence)란, 사람처럼 생각하고 문제를 해결하는 컴퓨터 프로그램입니다. 예를 들어, AI는 사람의 말을 알아듣고 대답하거나, 그림을 보고 무엇인지 맞히거나, 게임을 잘하는 로봇처럼 행동할 수 있습니다. 우리가 스마트폰에서 사용하는 음성 비서나 인터넷에서 보는 추천 영상도 모두 AI의 도움을 받는 것 입니다. AI는 많은 데이터(사진, 비디오, 소리, 글 등)를 공부해서 더 똑똑해지고, 우리에게 도움을 줄 수 있는 기술입니다.

생성형 AI는 컴퓨터가 많은 데이터를 배우고, 그걸 바탕으로 새로운 것을 만들어 내는 기술입니다. 생성형 AI는 컴퓨터가 창의적인 콘텐츠를 만들 수 있는지를 연구하는 것에서 시작되었습니다. 그러다 2022년 12월, OpenAI에서 ChatGPT(Chat Generative Pre-trained Transfomer)라는 대화형 인공지능을 출시하면서 많은 사람들이 생성형 AI에 관심을 가지게 되었습니다. 이후 여러 곳에서 대형 언어 모델(LLM, Large Language Model)을 이용한 챗봇, 이미지, 소리, 동영상, 음악 등 다양한 멀티미디어 콘텐츠를 만드는 기술을 제공하고 있습니다.

대형 언어 모델(LLM)은 컴퓨터가 사람의 말을 이해하고 대답할 수 있도록 만들어진 특별한 프로그램입니다. 책, 인터넷 글과 대화 등을 아주 많이 읽고 공부해서 사람처럼 자연스럽게 말할 수 있게 된 것 입니다. 예를 들어, 우리가 질문을 하면 대형 언어 모델은 그동안 배운 내용을 바탕으로 알맞은 답변을 해줍니다. 마치 선생님께서 우리가 모르는 걸 설명해 주듯이 대형 언어 모델은 대화뿐만 아니라 글쓰기, 번역, 문제 해결 등 다양한 일에 도움을 줄 수 있습니다.

하지만 여러분, 이런 똑똑하고 편리한 AI를 사용할 때는 조심해야 합니다. 종종 AI는 우리에게 잘못된 정보를 사실처럼 말하면서 제공할 수 있습니다. 또한, 저작권이나 개인 정보 보호, 보안 같은 윤리적 문제도 생각하며 안전하게 사용해야 합니다.

이처럼 생성형 AI를 사용할 때는 주의를 기울여야 합니다.

배움 정리

01	[ㅌ ㄴ]이란 [ㅅ ㅅ ㅎ]AI를 활용해 누구나 쉽고, 재미있게 캐릭터 및 웹툰을 만들 수 있는 인터넷 사이트입니다.
02	[ㅇ ㄱ ㅈ ㄴ]즉, AI란 사람처럼 생각하고 문제를 해결하는 컴퓨터 프로그램입니다.
03	[ㅇ ㄱ ㅈ ㄴ]중에서도 [ㅅ ㅅ ㅎ]AI란, 컴퓨터가 많은 데이터를 배우고, 그걸 바탕으로 새로운 것을 만들어 내는 기술입니다.

정답 예시 : 인공지능, 생성형, 투닝 (순서대로)

자기 평가

01	생성형 AI와 투닝이 무엇인지 알게 되었나요?	☆☆☆☆☆
02	생성형 AI를 사용할 때, 주의해야 할 점을 알게 되었나요?	☆☆☆☆☆

투닝, 준비해볼까?

투닝을 사용하기 위한 준비를 함께 해봐요.

※ 투닝 매직 기능으로 만든 반 고흐 화풍의 그림입니다.

배움 주제

투닝 회원가입 및 로그인을 해봅시다.

그런데, 투닝 [ㅎ ㅇ ㄱ ㅇ]은 어떻게 해?

 우선 [   ] 세 미만은 부모님께 꼭 허락받아야 해.

 허락은 이미 받았지~
[ㅎ ㅇ ㄱ ㅇ] 하려고 보니, 할 수 있는 방법이 많네!

 맞아. 크게 구글, 카카오, 페이스북 등 SNS 계정과 연결해서 [ㅎ ㅇ ㄱ ㅇ] 하는 방법과 [ㅇ ㅁ ㅇ] 로 가입하는 방법이 있어.

 아하! 둘 중 편한 방법으로 [ㅎ ㅇ ㄱ ㅇ] 하면 되겠다!

 맞아. 그리고 [ㅎ ㅇ ㄱ ㅇ] 한 후, [ㅇ ㅇ ㄷ] 와
[ㅂ ㅁ ㅂ ㅎ] 는 까먹지 않게 적어두는 게 좋아.

 그렇네! 다음에도 투닝을 이용하려면 [ㅇ ㅇ ㄷ] 와 [ㅂ ㅁ ㅂ ㅎ] 을
잘 적어두었다가 꼭 기억해야겠어.

정답 : (회원가입), 14, 이메일, 아이디, 비밀번호

20

투닝 배움

투닝을 사용하기 위해서는 우선, 투닝에 회원가입 후 로그인을 해야 합니다. 투닝에 로그인하기 위해서는 www.tooning.io에 접속하거나, 인터넷에 투닝을 검색하여 다음과 같이 홈페이지에 접속합니다.

투닝 홈페이지 오른쪽 상단의 '로그인/회원가입' 버튼을 통해 로그인하거나, 회원가입을 진행할 수 있습니다. 회원가입은 Google 계정, 카카오 계정, 페이스북 계정, 이메일 계정, Whale 계정으로 가입할 수 있습니다.

가입하기 버튼을 누르면 다음 그림의 오른쪽 부분과 같은 화면을 볼 수 있습니다. 투닝은 만 14세 이상이거나, 부모님의 허락을 받아야 회원가입할 수 있습니다. 그럼 '(필수) 동의'를 선택하고 다음을 눌러 회원가입을 진행해 봅시다.

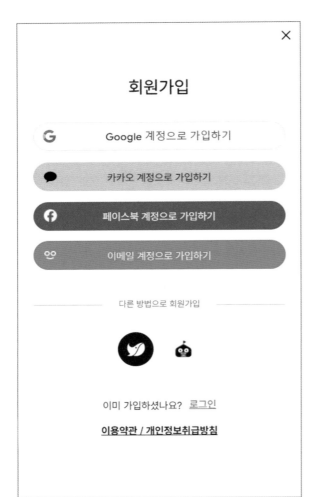

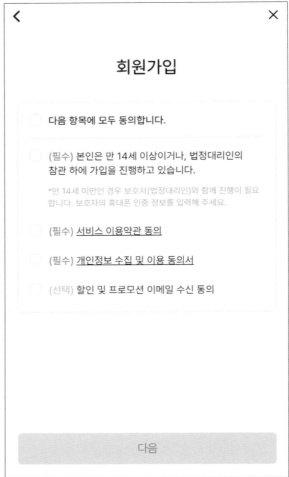

※ **Tip!**
회원가입을 할 때는 이용약관을 꼼꼼히 읽어보고 확인 후 가입해야 개인정보의 활용 등에 문제가 생기지 않아요. '(선택) 항목'의 경우에는 필요할 때만 선택하는 것이 좋아요.

이메일로 회원가입을 하려면 이름, 이메일, 비밀번호를 입력해야 합니다. 이때, 현재 사용 중인 이메일로 인증 번호를 받아 인증을 진행해야 할 수 있습니다. 이메일 주소를 입력하고 '인증' 버튼을 누르면 적은 이메일로 6자리 번호가 옵니다. 그 번호를 인증번호 입력 칸에 넣고 확인을 눌러야 합니다. 모두 입력했으면 '투닝 시작하기' 버튼을 눌러 가입을 마무리할 수 있습니다. 사용할 비밀번호는 입력 후 꼭 기억하고 잊지 말아야 합니다.

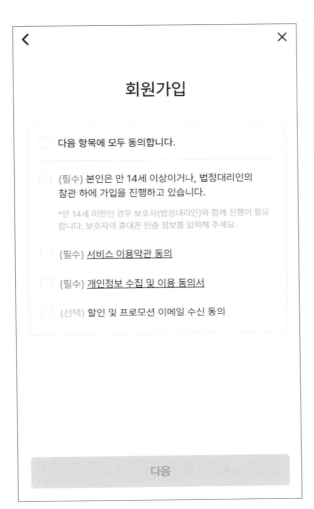

※ Tip!

이미 가지고 있는 SNS 계정(Google, 카카오, 페이스북 등)으로 회원가입을 하려면 다음과 같이 원하는 계정으로 가입하기 버튼을 클릭 후 계정을 선택하면 가입할 수 있습니다.

  아래 그림은 Google 계정으로 가입하기를 선택한 화면입니다.

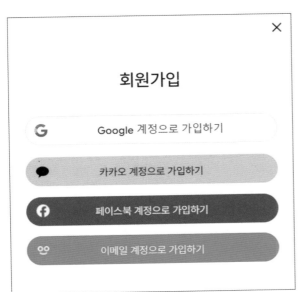

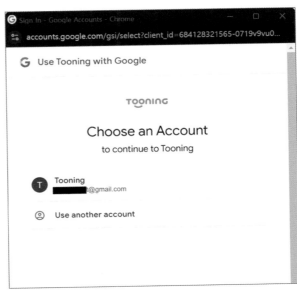

축하합니다! 이제 투닝 가입을 완료하고 투닝을 사용할 수 있어요. 회원가입을 마쳤다면, 투닝 에디터를 시작해서 자유롭게 사용해 보세요. 한번 회원가입을 완료하면 다음부터는 로그인 버튼을 눌러 바로 이용할 수 있습니다. 로그인은 방금 가입한 이메일 주소를 이용해 이메일 회원으로 로그인하거나 가입한 다른 SNS 아이디로 로그인을 진행할 수 있습니다.

배움 정리

01	투닝은 만 [　　　　]세 이상이면 누구나 회원가입 할 수 있습니다. 단, 만 [　　　　]세 미만일 경우 부모님의 허락을 반드시 받아야 [　　　　] 할 수 있습니다.
02	회원가입은 Google 계정, 카카오 계정, 페이스북 계정 등을 연결하는 [　　　　] 가입 방법과 [　　　　] 계정 가입 방법으로 나뉩니다.

학습 정답 : (위에서부터) 14, '회원가입', SNS, 이메일

자기 평가

01	설명과 함께 투닝 홈페이지에 회원가입 및 로그인을 할 수 있나요?	☆☆☆☆☆
02	투닝 홈페이지 회원가입 할 때 주의해야 할 점을 알고 있나요?	☆☆☆☆☆

투닝, 함께 해볼까?

투닝의 다양한 기능을 함께 둘러봐요.

※투닝 매직 기능으로 만든 앤디 워홀 화풍의 그림입니다.

배움 주제

투닝 속 여러 가지 기능을 살펴봅시다.

배움 열기

 투닝을 살펴보니 재미있는 기능들이 많네!

 그렇지? 간단하게 기능들을 설명 해줄게.
우선 캐릭터와 웹툰을 만들 수 있는 투닝 [ㅇ ㄷ ㅌ]가 있어. 그리고 원하는 스타일의 그림을 만들어주는 투닝 [ㅁ ㅈ]도 있지.

 평소 그림 그리기를 어려워했던 나에게 아주 고마운 기능들이네!

 그리고 평소 내가 궁금했던 걸 친구, 선생님처럼 알려주는 투닝 [ㅈ ㅍ ㅌ]도 있어.

 세종대왕, 안중근 의사 등 역사적 인물처럼 말해주기도 하네? 신기하다!

 마지막으로 네가 만든 글, 그림 등을 보관할 수 있는 투닝 [ㅂ ㄷ]도 있어.
앞으로 함께 할 투닝 공부 결과물을 여기다 보관해 보는 게 어떨까?

 좋아 좋아! 그러기 위해 오늘부터 열심히 투닝을 배워야겠어!

정답 참고 : (위에서부터↓순서대로) 에디터 , 매직 , 지피티(GPT) , 보드

투닝 배움

회원가입을 완료했으면 이제 투닝을 사용할 수 있습니다. 다음 그림의 투닝 메인 화면에서 위쪽을 보면 투닝 에디터, 투닝 매직, 투닝 GPT, 투닝 보드와 같은 기능들을 찾아볼 수 있습니다. 원하는 기능을 선택해 용도에 맞게 투닝을 사용할 수 있습니다.

투닝을 본격적으로 사용하고 배우기 전에 무슨 기능들이 있는지 한번 살펴보도록 합니다.

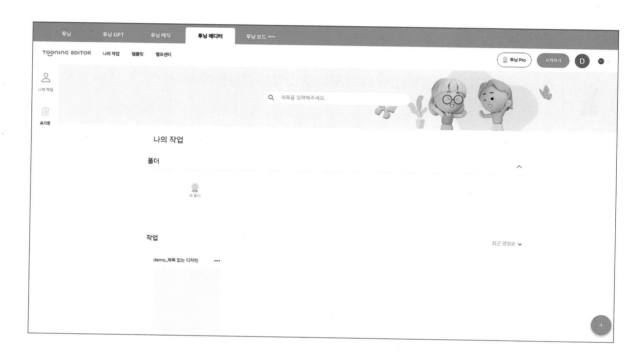

1. 투닝 에디터 살펴보기

상단 메뉴에서 '투닝 에디터'를 선택한 후 오른쪽 '투닝 제작하기'를 클릭하면 다음과 같은 투닝 에디터 화면을 볼 수 있습니다. 투닝 에디터에서는 원하는 캐릭터, 말풍선, 텍스트, 요소, 효과 등을 가져와서 만화를 만들 수 있습니다.

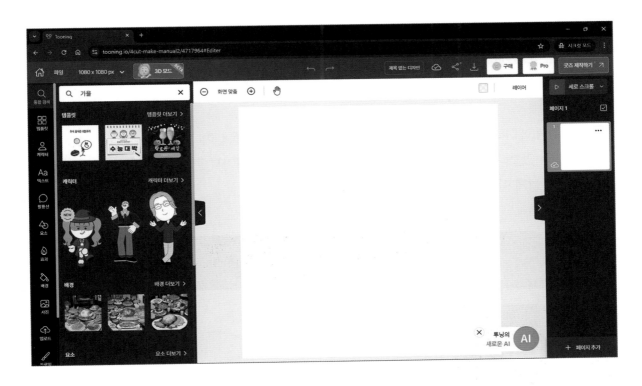

투닝 에디터에서 왼쪽의 캐릭터 카테고리를 클릭 후 나오는 캐릭터를 클릭하면 에디터 화면에 캐릭터가 추가됨을 확인할 수 있습니다. 또한 말풍선과 텍스트 카테고리를 사용하여 캐릭터에 말풍선을 추가하면 캐릭터의 대화를 표현할 수 있습니다.

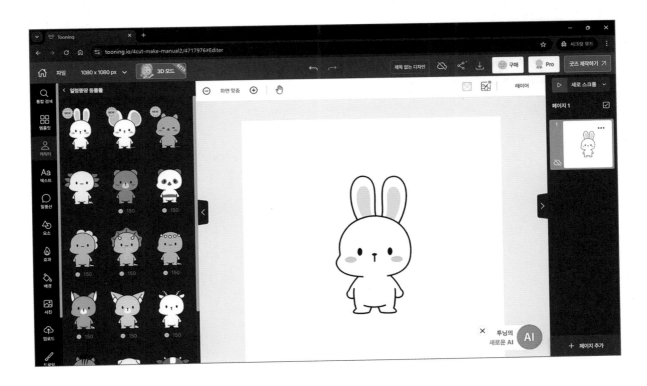

투닝 에디터에는 AI 기능이 포함되어 있습니다. 말풍선에 문장을 입력하면 AI가 캐릭터의 표정과 동작을 입력한 문장에 알맞게 바꿔줍니다. 예를 들어 다음 그림에서처럼 '안녕? 나는 토끼야'라는 문장을 넣으면, 캐릭터가 손을 들고 반가운 표정을 짓는 모습으로 변합니다.

이렇게 투닝 에디터를 사용하여 원하는 캐릭터를 추가하고, 말풍선이나 텍스트, 효과 등을 넣어 만화를 꾸밀 수 있습니다. 또, 오른쪽에 있는 페이지 추가 버튼과 페이지 관리 기능을 사용해서 여러 장면의 만화를 쉽게 만들 수 있습니다.

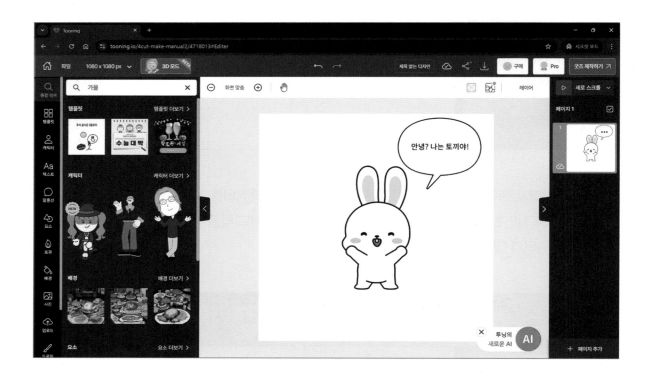

2. 투닝 매직 살펴보기

다음으로 투닝 매직에 대해 알아보겠습니다. 투닝 매직은 다양한 스타일을 설정하여 이미지를 만들 수 있는 기능입니다. 예를 들어 화풍, 사진, 만화, 픽셀 등 여러 스타일을 선택할 수 있고, 한국화를 위한 한국 화풍도 선택할 수 있습니다. 이렇게 다양한 이미지 스타일을 활용해 원하는 이미지를 쉽게 만들 수 있습니다.

투닝 매직으로 이미지를 만드는 방법은 다음과 같습니다.

1. 글로 생성하는 방법: 원하는 이미지에 대해 키워드로 간단하게 설명하는 명령어(프롬프트)를 입력하면, AI가 그에 맞는 이미지를 만들어줍니다.

2. 이미지로 생성하는 방법: 사용자가 이미지를 업로드하고, 그리기 도구 등을 활용해 이미지를 수정하거나 새로 만들 수 있는 기능입니다.

3. 실시간 생성 방식: 사용자가 원하는 이미지를 만들기 위한 명령(프롬프트)을 할 때, 그림을 그리듯 자세히 설명하면 AI가 실시간으로 더 세밀한 이미지를 만들어줍니다. 이 방식은 매번 수정 버튼을 누를 필요 없이 실시간으로 이미지를 볼 수 있습니다.

2-1. 글로 생성하기

메뉴에서 화풍 선택을 클릭하면 여러 화가의 화풍을 선택해 이미지를 만들 수 있습니다. 여기에는 한국형 화풍도 포함되어 있어 다양한 스타일의 이미지를 만들 수 있습니다. 이 단계에서 이미지 크기, 만들 이미지 장수, 스타일 등을 선택한 다음, 원하는 이미지에 대한 설명을 명령어(프롬프트)로 작성하고 이미지 생성 버튼을 클릭하면 AI가 이미지를 만들어줍니다.

2-2. 실시간 생성

실시간 생성 기능은 간단한 선이나 면을 그리고 명령어(프롬프트)를 입력하면 원하는 이미지가 실시간으로 만들어지는 방식입니다. 이 기능을 통해 간단한 스케치와 명령어(프롬프트)만으로도 원하는 이미지와 비슷한 이미지를 실시간으로 만들어낼 수 있습니다.

3. 투닝 GPT 살펴보기

투닝 GPT는 챗봇 형태의 텍스트 생성 AI로 사전에 설정된 역사 속 인물, 선생님, 직업 종사자와 직접 대화하는 것처럼 채팅하고 답을 얻을 수 있습니다. 다음은 투닝 GPT의 화면으로, 왼쪽에서 원하는 캐릭터를 선택하고(1), 대화를 입력하여(2) 응답을 만들어낼 수 있습니다.

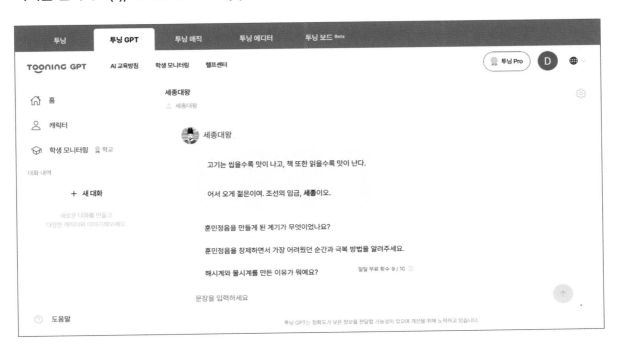

투닝 GPT를 활용하면 역사 속 인물과 대화할 수 있습니다. 예를 들어 세종대왕을 선택하고 질문을 입력하면, 역사 속 인물이 직접 답하는 것처럼 GPT가 그에 맞는 대답을 해줍니다. 이렇게 역사 속 인물뿐 아니라 특정 직업을 가진 사람이나 교과목 선생님으로도 설정할 수 있습니다. 이를 통해 내가 궁금한 질문에 선생님처럼 응답해 주는 역할도 할 수 있습니다.

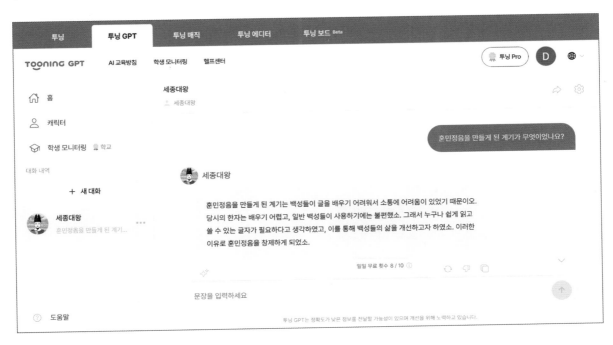

4. 투닝 보드 살펴보기

마지막으로 투닝 보드는 친구들이나 선생님과 자료를 공유할 수 있는 보드 형태의 게시판을 만드는 기능입니다. 다음은 투닝 보드의 메인 화면입니다. 상단 메뉴에서 '투닝 보드'를 선택하고 빨간 네모로 표시된 '새 보드'를 클릭하면 게시판을 만들 수 있고, 무료 사용자의 경우에는 최대 5개까지 보드를 만들 수 있습니다.

투닝 보드를 만들면 다음처럼 보드가 생성되고, 파란 네모로 표시된 '+' 버튼을 클릭하면 게시물을 작성하고 공유할 수 있습니다. 또한, '그룹 추가' 버튼을 사용하면 보드에 그룹을 추가할 수 있습니다. 게시글을 작성할 때는 제목과 내용을 작성할 수 있고, 파일을 첨부할 수도 있습니다. 작성된 게시물은 보드에 추가되어 다음 그림처럼 화면이 표시됩니다.

투닝에는 이렇게 원하는 이미지, 만화를 만들고, 대화하며, 공유할 수 있는 다양한 도구들이 있습니다. 각 기능에 대해 더 자세한 내용은 앞으로 하나씩 차근차근 다뤄보도록 하겠습니다.

5. 투닝 유의사항

투닝을 사용해 내 생각을 표현하려고 할 때, 다음과 같은 유의 사항을 생각해야 합니다.

5-1. 사용량 확인

① 무료 계정으로 투닝을 사용할 경우 하루에 사용할 수 있는 사용량에 제한이 있습니다.

② 투닝 에디터는 작업물을 최대 3개까지 유지할 수 있고, 사용할 수 있는 캐릭터와 템플릿에도 제한이 있어 모든 캐릭터나 템플릿을 사용하기 위해서는 유료로 구매해야 사용할 수 있습니다.

③ 투닝 매직을 사용해 AI가 그림을 생성하도록 하는 기능은 하루에 5회로 제한이 되어 있어 무제한으로 그림을 생성할 수 없습니다.

④ 또한 투닝 GPT와 투닝 보드도 각각 무료 사용량에 제한이 있어, 일 사용량을 초과하면 사용할 수 없습니다. 하루에 더 많은 이미지를 생성하고, 보드를 활용하기 위해서는 유료 플랜을 구독하거나 다음 날 다시 사용할 수 있습니다.

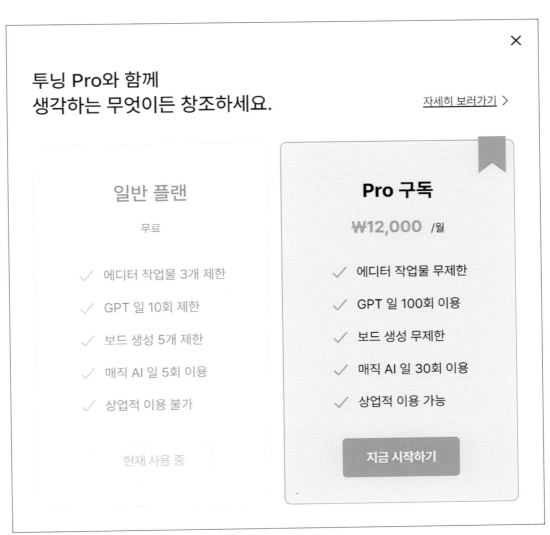

5-2. 투닝의 저작권 이용 규정

투닝으로 만든 이미지나 만화를 대회에 출품하거나 상업적 용도로 사용하려면 투닝의 저작권 이용 규정을 꼭 확인해야 합니다. 비상업적 용도로 개인 SNS에 게시하는 것은 일정 부분 가능하지만, 상업적 용도로 투닝을 활용한 생성 결과물을 사용하기 위해서는 저작권 규정을 꼼꼼히 살펴보고 사용하는 것이 중요합니다.

5-3. 생성형 AI 사용 윤리

마찬가지로 투닝을 사용할 때도 생성형 AI를 사용할 때처럼 주의해야 할 몇 가지 중요한 점들이 있습니다.

첫째, 우리가 생성형 AI를 사용할 때 생성형 AI가 학습하는 데이터의 지식재산권에 대한 문제들이 있습니다. 따라서 생성형 AI를 이용해 생성한 결과물을 유의해서 사용해야 합니다.

둘째, 생성형 AI가 생성한 결과물은 기존의 데이터를 기반으로 학습한 결과물로써 학습 데이터의 불균형, 또는 학습 데이터에 내재된 편향성의 문제로 사실과 다른 정보를 알려주거나 편견이 있는 데이터를 생성할 수 있습니다. 예를 들어 AI가 특정 주제에 대해 편향된 데이터를 학습했다면, 생성된 결과물도 편견이 반영된 정보일 수 있습니다.

셋째, 최신 정보를 제공하지 못할 수도 있습니다. 생성형 AI는 학습한 시점까지의 정보만을 바탕으로 작동하기 때문인데요, 예를 들어, 2022년 12월에 출시된 버전의 ChatGPT는 2021년 9월까지의 정보를 바탕으로 학습하였기 때문에 그 이후의 사건이나 정보에 대해서는 잘 알지 못했습니다. 따라서 AI의 버전과 업데이트 시점을 잘 확인하고, AI가 제공하는 정보가 최신인지 확인해야 합니다.

마지막으로, 생성형 AI는 가끔 현실과는 다른 정보를 생성하거나 전혀 관련 없는 결과를 제공하는 환각 현상을 일으킵니다. AI가 생성한 결과물에 대해 비판적인 시각을 가지고 분석할 필요가 있습니다.

투닝과 같은 생성형 AI를 활용할 때 이러한 점을 유의해서 사용한다면 여러분에게 더욱 도움이 되는 좋은 도구로 활용할 수 있습니다.

배움 정리

01	투닝 [ㅇ ㄷ ㅌ]에서는 원하는 캐릭터, 말풍선, 텍스트, 요소, 효과 등을 가져와서 만화를 만들 수 있습니다.	
02	투닝 [ㅁ ㅈ]은 다양한 스타일을 설정하여 이미지를 만들 수 있는 기능입니다.	
03	투닝 [ㅈ ㅍ ㅌ]는 챗봇 형태의 텍스트 생성 AI로 사전에 설정된 역사 속 인물, 선생님, 직업 종사자와 직접 대화하는 것처럼 채팅하고 답을 얻을 수 있습니다.	
04	투닝 [ㅂ ㄷ]는 친구들이나 선생님과 자료를 공유할 수 있는 보드 형태의 게시판을 만드는 기능입니다.	
05	투닝으로 만든 이미지나 만화를 대회에 출품하거나 상업적 용도로 사용하려면 투닝의 [ㅈ ㅈ ㄱ] 이용 규정을 꼭 확인해야 합니다.	

배움 정답 : (왼쪽에서부터) 에디터, 매직, 지피티(GPT), 보드, 저작권

자기 평가

01	투닝 속 여러 가지 기능과 각 기능의 특징을 알 수 있나요?	☆☆☆☆☆
02	저작권, 윤리 문제 등에 주의하며 투닝을 사용해야 함을 알 수 있나요?	☆☆☆☆☆

PART

②

관용 표현을 정리해요

내가 알고 있는 관용 표현을 투닝 보드에 올려보아요!

배움 주제

내가 알고 있는 관용표현을 투닝 보드에 올려 공유해 봅시다.

동글이는 친구가 많은걸 보니 발이 참 넓은 것 같아!

 발이 넓다구? 난 발이 작은데.. 그게 무슨 말이야?

 발이 넓다는 것은 진짜 발이 넓은 것이 아니라,
주위에 알고 지내는 사람이 많다는 '관용 표현'이야.

 관용표현? 그게 뭐야?

 관용 표현이란 **'둘 이상의 낱말이 합쳐져 그 낱말의 원래 뜻과는 다른 새로운 뜻으로 굳어져 쓰이는 표현'**을 말해.
우리가 알고 있는 속담, 관용어가 관용 표현에 해당돼!

 '세 살 버릇 여든까지 간다'라는 **속담**이나 '발이 넓다'라는 **관용어**가
전부 관용 표현에 해당되는구나!

여러분이 알고 있는 관용 표현을 적어보세요.

관용 표현 (속담, 관용어)	뜻

 관용 표현과 관련된 다음 문제를 맞춰보세요!

1. 갈수록 ㅌ ㅅ 이다. : 일이나 상황이 점점 더 어려워질 때 쓰는 말

2. ㄱ ㄴ ㅁ 이 고와야 오는 말이 곱다.
   : 자기가 남에게 말이나 행동을 좋게 하여야 남도 자기에게 좋게 한다는 말

3. 고래 싸움에 ㅅ ㅇ 등 터진다.
   : 강한 자들끼리 싸우는 통에 아무 상관도 없는 약한 자가 중간에 끼어 피해를 입게 됨을 비유적으로 이르는 말

4. ㄱ ㄷ ㅌ 이 무너지랴.
   : 성실하고 최선을 다한 일은 반드시 좋은결과를 얻게 된다는 뜻

5. ㄱ 떨어지다. : 순간적으로 몹시 놀란다는 뜻

퀴즈 정답 : 1.태산 2.가는말 3.새우 4.공든탑 5.간

 이번 시간에는 투닝 보드에 우리가 조사한 관용표현을 올리고 서로 이야기를 나눠보자.

투닝 배움

 똑똑햄, 투닝 보드라는게 뭐야?

 투닝 보드는 학생들이 만든 다양한 콘텐츠를 한 곳에 모아 볼 수 있도록 만든 게시판이야.
내가 투닝 보드를 만드는 방법을 알려줄게.

01. 투닝 홈페이지에서 투닝 보드를 클릭합니다. 오른쪽 '+ 새 보드'를 클릭하여 나의 투닝 보드를
만듭니다.

투닝 보드의 홈 메인화면이야. 각각에 해당하는 내용을 한번 살펴보자.

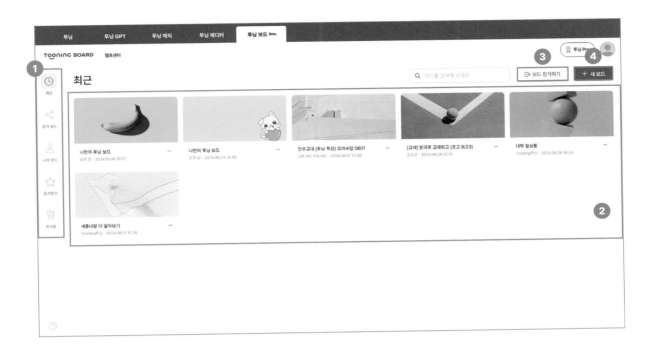

① 메뉴 탭

　· 최근 : 자신이 최근에 사용한 보드를 확인할 수 있습니다.

　· 참가보드 : 다른 사람이 만든 보드 중 내가 참가하고 있는 보드를 확인할 수 있습니다.

　· 나의 보드 : 내가 만든 보드를 확인할 수 있습니다.

　· 즐겨찾기 : 내가 즐겨찾기한 보드를 확인할 수 있습니다.

　· 휴지통 : 내가 삭제한 보드를 임시로 보관하는 장소입니다. 휴지통에서 내가 삭제한 보드를 복구
　　　　　하거나 영구 삭제가 가능합니다. 보드를 삭제하면 휴지통에서 7일간 보관됩니다.

② 보드 목록 확인창

　· '메뉴 탭'에서 선택한 내용의 보드를 확인할 수 있습니다.

　· 보드 우측 상단의 별 모양을 누르면 보드를 즐겨찾기 할 수 있습니다.

③ 보드 참가하기

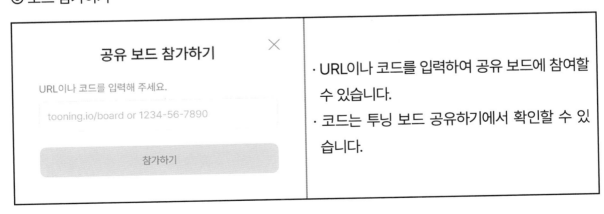

④ 새 보드

　· 새로운 보드를 생성할 수 있습니다.

※ 모두의 보드

· 투닝 매직을 활용한 학생 작품을 모아 둔 보드를 볼 수 있습니다.	· 일상툰을 모아 둔 보드를 볼 수 있습니다.

투닝 메인 홈페이지의 '교육' 탭에서 이동 가능한 모두의 보드에서는 투닝을 활용하여 제작한 다양한 컨텐츠를 모아둔 보드를 확인할 수 있습니다.

02. 투닝 보드의 설정에서 원하는 보드의 이름, 레이아웃, 그룹, 배경화면을 설정합니다.

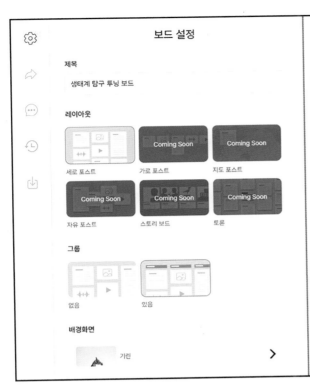

· 제목 : 보드의 제목을 정할 수 있습니다.

· 레이아웃 : 보드의 레이아웃을 설정할 수 있습니다. 추후 다양한 기능을 업데이트할 예정입니다.

· 그룹 : 보드 내 게시글의 그룹을 짓거나 없앨 수 있습니다.

· 배경화면 : 보드의 배경화면을 선택할 수 있습니다.

03. 투닝 보드에 '+' 아이콘을 선택한 후 제목과 내용을 입력합니다. 이때 '파일 첨부'를 클릭하여 원하는 이미지 파일을 첨부할 수 있습니다. 작성이 완료되면 완료를 누릅니다.

04. 내가 찾은 관용표현이 투닝 보드에 공유된 것을 볼 수 있습니다.

 다른 곳에서 이미지를 가지고 올 때는 반드시 '출처'를 밝혀야 해!

 또한, 하나의 게시물에 1개의 이미지만 업로드 가능해.
여러 장의 사진을 올리기 위해서는 게시물을 추가로 생성하면 돼!

05. 왼쪽 화살표 버튼을 누르면 나의 보드를 다른 사람들에게 공유할 수 있습니다.

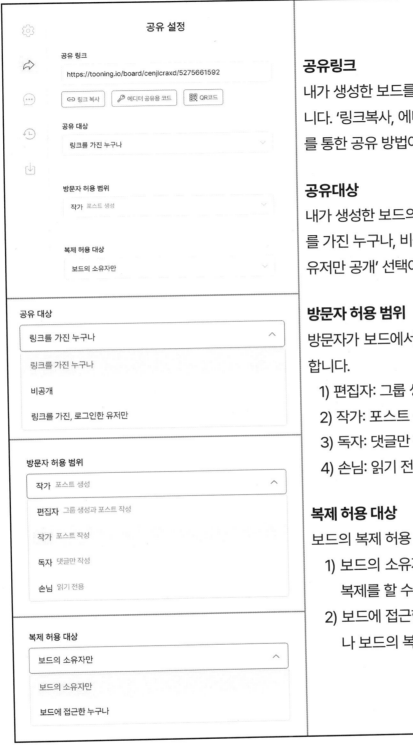

공유링크

내가 생성한 보드를 다른사람과 공유할 수 있습니다. '링크복사, 에디터 공유용 코드, QR 코드'를 통한 공유 방법이 있습니다.

공유대상

내가 생성한 보드의 공유 대상을 정합니다. 링크를 가진 누구나, 비공개, 링크를 '가진 로그인한 유저만 공개' 선택이 가능합니다.

방문자 허용 범위

방문자가 보드에서 사용할 수 있는 범위를 제한합니다.

  1) 편집자: 그룹 생성, 포스트 생성 가능
  2) 작가: 포스트 생성 가능
  3) 독자: 댓글만 작성 가능
  4) 손님: 읽기 전용

복제 허용 대상

보드의 복제 허용 대상을 정합니다.

  1) 보드의 소유자만: 보드의 소유자만 보드의 복제를 할 수 있습니다.
  2) 보드에 접근한 누구나: 보드에 접근한 누구나 보드의 복제를 할 수 있습니다.

06. 투닝 에디터에서 오른쪽 공유 버튼을 누르면 만든 작품을 투닝 보드에 바로 공유할 수 있습니다.

① 투닝 에디터 내 '공유하기' 버튼 누르기
② '투닝 보드에 공유하기' 선택하기
③ 해당하는 보드를 선택 후 '공유하기' 버튼 누르기

　·최근 보드에 공유 : 최근에 사용한 투닝 보드 중 한 곳을 정하여 콘텐츠를 올립니다.

　·내 보드에 공유 : 내가 생성한 투닝 보드 중 한 곳을 정하여 콘텐츠를 올립니다.

　·공유 링크/코드 입력 : 투닝 보드의 '에디터 공유 코드'를 입력하여 해당 보드에 콘텐츠를 올립니다.

※ Tip!

투닝 에디터에서 작업한 콘텐츠를 공유하면 투닝 보드에 '제목 없는 디자인'으로 작품 제목이 적힙니다. 이때, 내용 편집 버튼을 눌러 게시물의 제목을 수정할 수 있습니다.

07. 인터넷, 책 등에서 관용표현을 찾아 투닝 보드에 함께 공유해 봅시다.

한걸음 더 · 투닝 보드의 교육용 활용 사례 알아보기

투닝 에디터, 투닝 GPT 등에서 만든 다양한 콘텐츠를 투닝 보드를 통해 공유하고 있습니다. 공유된 투닝 보드에 접속하여 내가 만든 콘텐츠를 올릴 수도 있고 다른 사람이 올린 콘텐츠에 대해 댓글을 달아 서로 소통을 할 수 있습니다. 이외에도 학교에서는 투닝 보드를 이용하여 학생들이 만든 작품을 함께 공유하고 학생들 간 댓글 등의 기능을 활용해 소통할 수 있습니다.

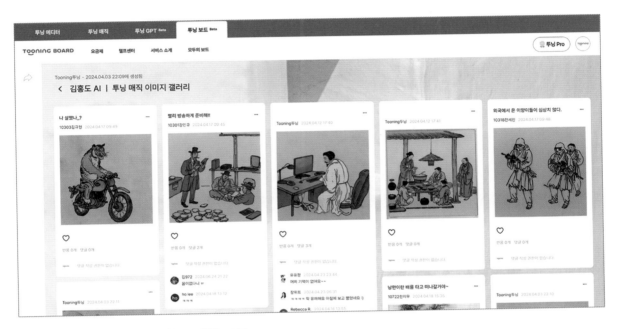

투닝 보드 - 이중섭 화풍 활용 작품 모음

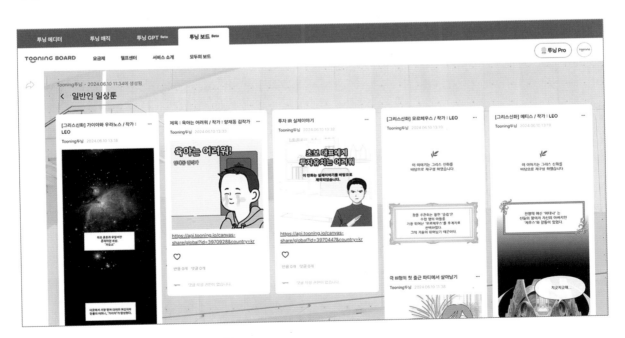

투닝 보드 - 일반인 일상툰 작품 모음

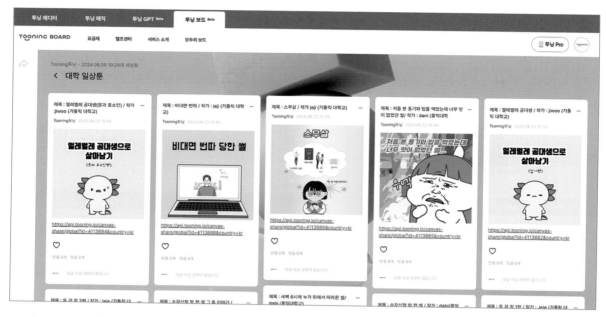

투닝 보드 – 대학 일상툰 작품 모음

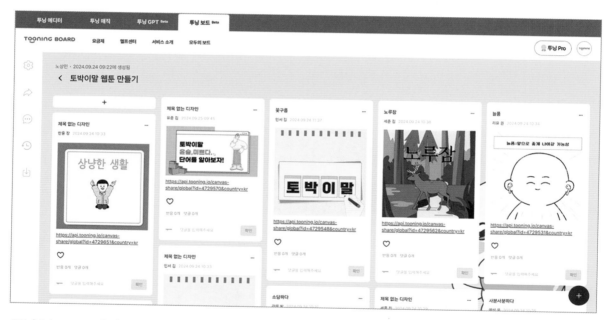

투닝 보드 – 토박이말 웹툰 만들기 학생 작품 모음

배움 맺기

학습지 QR

1. 다음 관용 표현은 무엇일까요?

※ 투닝 매직을 활용하여 생성된 이미지입니다.

정답	

2. 우리가 사용하는 관용 표현을 조사해 적어봅시다.

내가 찾은 관용 표현	뜻

3. 투닝 보드를 만들어 내가 찾은 관용 표현을 정리해 봅시다.

예시 정답 : 고래 싸움에 새우 등 터진다.

01	투닝 보드에서는 게시물을 작성할 때 여러개의 이미지를 한꺼번에 올릴 수 있다. (O / X)
02	나의 투닝 보드를 다른 사람에게 공유하려고 한다. 다음 중 투닝 보드를 공유하는 기능이 아닌 것은 무엇인가요? ① 링크 복사하기 ② 에디터 공유용 코드 활용하기 ③ QR 코드 활용하기 ④ 레이아웃 설정하기

배움 정답 : 1.X 2.④

자기 평가

1	투닝 보드의 기본 기능에 대해 알고 있나요?	☆☆☆☆☆
2	투닝 보드에 이미지를 올릴 수 있나요?	☆☆☆☆☆
3	투닝 에디터에서 만든 콘텐츠를 투닝 보드에 공유할 수 있나요?	☆☆☆☆☆

속담에 어울리는 상황 나타내요

속담에 어울리는 캐릭터의 표정과 행동을 만들어 봅시다.

배움 주제

캐릭터의 표정과 행동을 바꾸며 속담 장면을 생생하게 표현해 봅시다.

 이 장면은 어떤 속담을 나타낼까요?

 잘 모르겠어요... 사람이랑 지렁이?

 그렇다면 이렇게 표현하면 맞출 수 있을까요?

 이 속담은 (   )!
맞나요?

 맞아요. '순하고 약한 사람이라도
함부로 건드리면 안 된다.' 는 의미를 가지고 있어요.

정답 : 지렁이도 밟으면 꿈틀한다

 ▶

 이 두 가지 이미지는 무엇이 다르게 표현되었을까요?

 오른쪽 그림이 인물의 [ㅍ ㅈ]과 [ㅎ ㄷ]을 생생하게 표현해서 상황을
더욱 잘 설명하는 것 같아요!

 그럼요~ 캐릭터가 장면에 어울리는 표정이나 행동을 하고 있으면
상황이 더욱 잘 이해된답니다.

 Quiz! 똑똑햄은 어떤 마음일까요?

(　　　　　) (　　　　　) (　　　　　)

01. 투닝 홈페이지에 들어가면 상단에 투닝 에디터를 클릭합니다

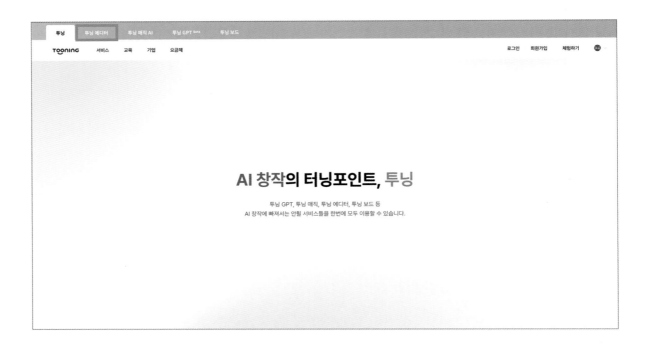

02. 오른쪽 아래에 +를 클릭하면 새로운 투닝 에디터를 시작할 수 있습니다.

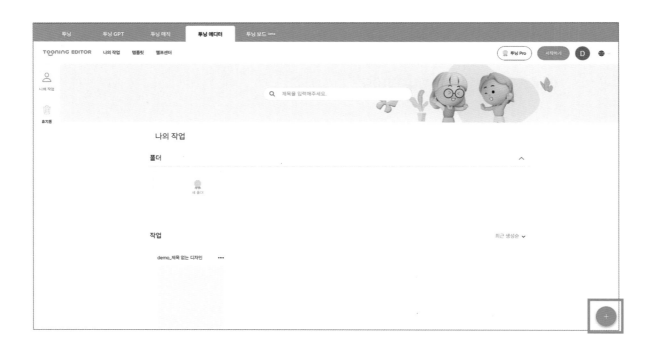

03. 캐릭터를 클릭하고 우측에 '얼굴' 버튼을 누르면 나만의 캐릭터로 꾸밀 수 있는 다양한 요소가 등장합니다.

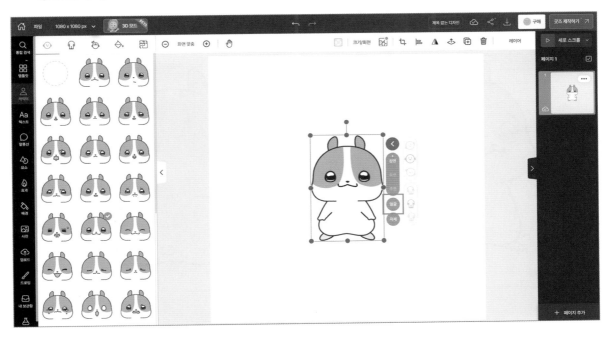

04. 앞머리, 뒷머리, 효과, 수염, 주름, 안경 등 다양한 요소로 얼굴 편집을 하여 나만의 캐릭터를 만들어 봅시다.

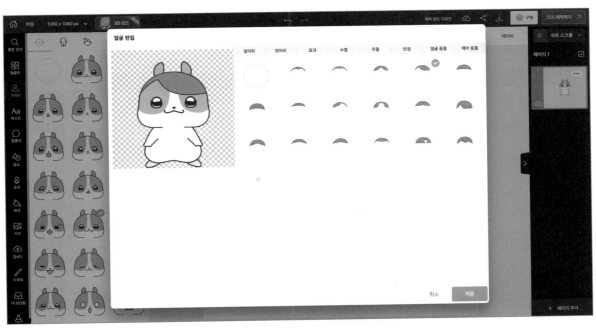

05. 캐릭터를 클릭하고 우측에 정면-측면-후면 버튼을 눌러 캐릭터가 바라보는 방향을 바꾸어 보세요.

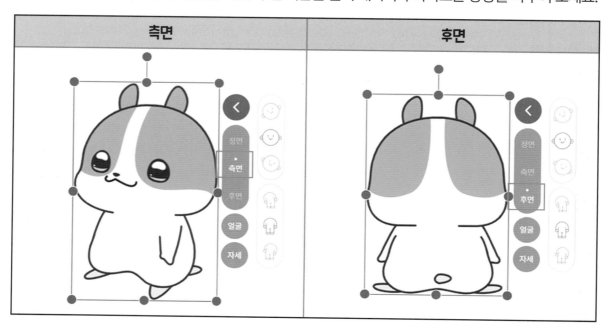

 '정면'이란 앞을 보는 면을 의미하고 **'측면'**이란 왼쪽이나 오른쪽의 옆면을 의미하며 **'후면'**은 뒤에 있는 면을 의미합니다.

06. 측면 버튼을 누른 뒤 반대 방향을 보게 하고 싶다면 캐릭터를 오른쪽 마우스로 클릭하고 수평
    뒤집기를 클릭합니다. 바라보는 방향을 좌우로 바꿀 수 있습니다.

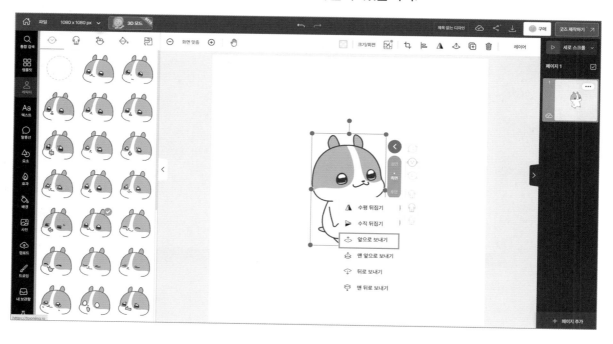

07. 다른 캐릭터를 클릭해서 원하는 위치에 두었을 때 이렇게 겹치는 경우가 있습니다.

08. 배치 순서를 바꾸고 싶은 캐릭터를 선택한 뒤 오른쪽 마우스를 클릭하여 맨 앞으로 보내기/맨 뒤로 보내기를 눌러보세요.

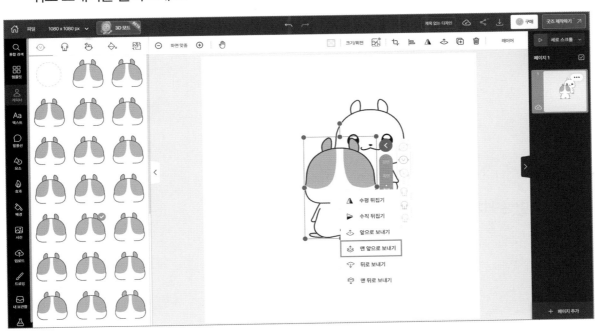

 속담과 그 의미를 조사하고 캐릭터의 표정과 행동을 사용하여
속담에 어울리는 장면을 만들어 봅시다.

학습지 QR

내가 조사한 속담	예) 지렁이도 밟으면 꿈틀한다, 낮말은 새가 듣고 밤말은 쥐가 듣는다 등
내가 조사한 속담의 의미	예) 순하고 약한 사람이라도 함부로 건드리면 안 된다, 아무도 안 듣는 데서라도 말은 조심해야 한다 등
속담 장면 스케치	

※ 투닝 에디터 캐릭터를 이용하여 속담 장면을 만들고 나의 투닝 보드에 올린 후 친구들과 공유하며
어떤 속담인지 맞추어 봅시다.

배움 정리

01	**'지렁이도 밟으면 꿈틀한다'라는 속담은 어떤 의미를 가지고 있을까요?** ① 지렁이도 피부에 감각이 있어 밟으면 아픔을 느낀다. ② 순하고 약한 사람이라도 함부로 건드리면 안 된다. ③ 생명은 괴롭히면 안 된다.
02	장면에 어울리는 [ㅍ ㅈ]이나 [ㅎ ㄷ]을 하고 있으면 상황이 더욱 잘 이해됩니다.
03	왼쪽이나 오른쪽의 옆면을 의미하는 것은 무엇이라고 할까요? ( )

배움 정리 1) ② / 2) 표정, 행동 / 3) 측면

자기 평가

01	생생한 장면을 표현하기 위해 표정과 행동의 중요성을 알고 있나요?	☆ ☆ ☆ ☆ ☆
02	캐릭터의 표정과 행동을 바꾸어 속담 장면을 만들 수 있나요?	☆ ☆ ☆ ☆ ☆

인물의 마음을 알아봐요
인물의 마음을 텍스트와 말풍선으로 표현해요!

배움 주제

기억에 남는 일을 만화로 나타내 봅시다.

배움 열기

현장체험학습은 잘 다녀왔어?
놀이기구가 많이 무서웠나봐.

회전에 계속 오르락내리락해서
정신이 없었어. 그런데 어떻게 알았어?

너의 [ㅍ ㅈ]과 [ㅎ ㄷ] 보고 알았어.
잔뜩 찌푸린 얼굴에 손으로는 벨트만 꼭 쥐고 있잖아.

그렇구나~ 말하지 않아도 알 수 있다니 신기하네.
나는 너무 무서웠는데 내 옆에 앉았던 친구는 너무 재미있었대.

그런 것 같아. 왜냐하면 _____
_____

맞아. 친구는 신나서 계속 "꺄~"하고 소리지르는데,
나는 '언제 끝나지? 너무 무섭다'는 생각만 계속했어.

그림으로 표현하면 이렇게 나타낼 수 있겠다.
만화는 [ㅌ ㅅ ㅌ]와 [ㅁ ㅍ ㅅ]으로
생각이나 말을 나타낼 수 있어.

63

표정과 행동을 보면 인물의 마음을 알 수 있어요. 그림을 보고 어떤 상황인지,
그림 속 인물이 어떤 마음인지, 어떤 말이나 생각을 하고 있을지 적어보세요.

	상황	
	인물의 마음	
	어울리는 말, 생각	
	상황	
	인물의 마음	
	어울리는 말, 생각	

 다양한 종류의 말풍선을 살펴보고,
어떤 상황에서 사용하면 좋을지 선으로 연결해 보세요.

- 말, 대사

- 생각, 속마음

- 큰 소리, 외침

투닝 배움

01. 투닝 에디터 화면에서 <텍스트> 탭을 선택하고 텍스트 추가를 클릭합니다.

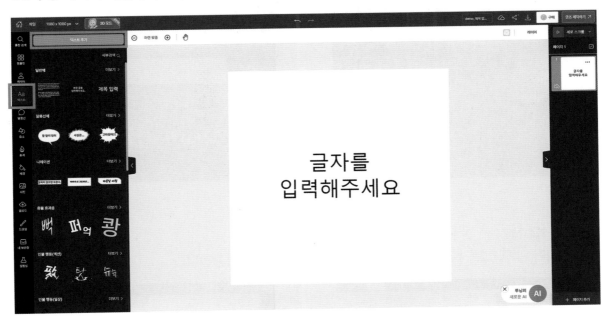

02. 원하는 텍스트를 입력하고 왼쪽 탭의 옵션을 활용해 수정할 수 있습니다.
     텍스트 상자를 클릭하여 위치, 기울기도 변경할 수 있습니다.

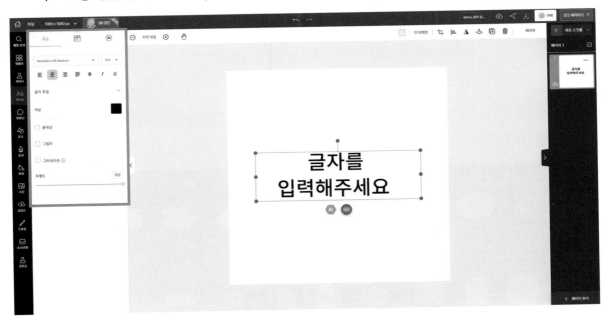

03. 직접 입력하는 텍스트 외에 원하는 대사나 효과음을 검색해서 관련 텍스트를 사용할 수 있습니다. 만들어진 텍스트를 더블클릭하면 텍스트 내용을 수정할 수 있습니다.

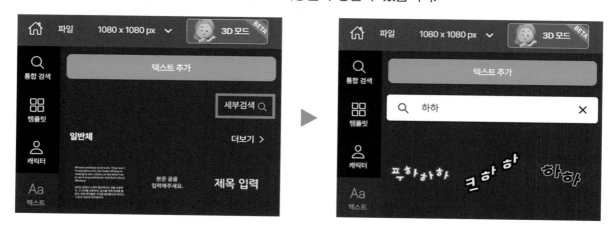

※ Tip !!

그룹화가 된 텍스트의 경우 그룹화를 해제하면 글자 수정이 가능합니다.

04. <텍스트>에서 기본으로 제공되는 말풍선 외에 다른 모양의 말풍선이 필요한 경우, <말풍선> 탭에서 다양한 모양의 말풍선을 선택하여 말풍선을 꾸밀 수 있습니다.

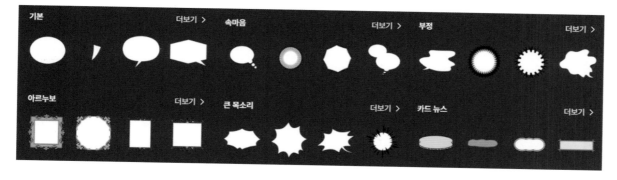

04. 텍스트 AI 연출 기능을 사용하기 위해서는 캐릭터가 필요합니다. 빈 화면에 캐릭터를 추가하고 텍스트를 입력합니다. 텍스트 아래쪽에 나오는 빨간색 AI버튼을 클릭하면 캐릭터의 얼굴 표정이나 몸짓이 입력한 텍스트에 맞게 변경됩니다.

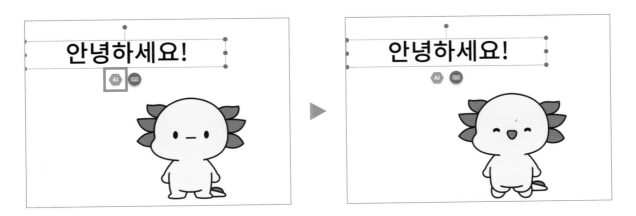

 텍스트 AI 연출이란 인공지능이 입력된 텍스트의 내용을 분석하여 텍스트에 어울리는 표정과 동작으로 캐릭터를 연출해 주는 기능을 말해요.

06. 두 개 이상의 캐릭터가 화면에 존재하는 경우 왼쪽 화면에 AI 연출을 적용할 캐릭터를 선택하는 창이 나타납니다. 어떤 캐릭터에 적용할 지 선택하면 입력한 텍스트에 맞게 자동으로 연출됩니다.

배움 맺기 기억에 남는 일을 떠올려보세요. 그때의 상황, 마음, 기분을 생각하며 텍스트와 말풍선을 활용해 4컷 만화로 나타내봅시다.

1. 기억에 남는 일을 떠올려보고 이야기의 차례를 정해 보세요.

▶ ▶ ▶

2. 인물의 마음을 만화로 표현해야 할 때 주의할 점을 살펴봐요.

- 마음에 어울리는 표정과 몸짓을 [ㄱ ㅈ]되게 표현해요.
- 인물이 한 말은 [ㅁ ㅍ ㅅ]에 나타내요.
- 글자체의 크기나 모양을 다양하게 표현해요.
- 기호나 작은 그림, 주변 상황 묘사등을 활용해요.

3. 스토리보드 형식으로 나타내보세요.

제목	

4. 기억에 남는 일을 말풍선과 텍스트를 사용해 4컷 만화로 표현하고 나의 투닝 보드에 올려보세요.

디지털 교과서 : 국어, 미술연계

배움 정리

01	**표정이나 행동을 살펴보고 말풍선에 들어갈 인물의 생각으로 적절한 것은 무엇입니까?** ① 와~ 신난다!　　　② 깜짝이야!　　　③ 너무 슬프다
02	[ㅌ ㅅ ㅌ AI ㅇ ㅊ]이란 인공지능이 입력된 텍스트의 내용을 분석하여 텍스트에 어울리는 표정과 동작으로 캐릭터를 연출해주는 기능을 말합니다.

정답: ① (깜짝이야!) ② 텍스트 AI 연출

자기 평가

01	인물의 표정이나 행동을 살펴보고 상황에 어울리는 말풍선을 만들 수 있나요?	☆☆☆☆☆
02	텍스트나 말풍선을 활용해 기억에 남는 일을 4컷 만화로 표현할 수 있나요?	☆☆☆☆☆

우리 고장을 소개해요

다양한 요소를 활용하여 장면에 맞게 표현해요

배움 주제

우리 고장 소개 포스터를 만들어 봅시다.

배움 열기

 동글이가 사는 곳은 어디야?
산이 많아? 들이 펼쳐져 있어? 아니면 바다가 있어?

 나는 거제에 살고 있어. 거제는 섬이라서 바다로 둘러싸여 있어.
여름에 많은 사람들이 놀러와. 그리고 바다 근처에 큰 배를 만드는 조선소도 있어.
바닷가에는 등대도 있고 갈매기도 날아다녀.

갈매기 · 물놀이 · 바다가 있는 고장 · 해수욕장 · 다리 · 배	ㅎ ㄱ	사람들을 둘러싸고 있는 모든 것
	ㅈ ㅇ ㅎ ㄱ	자연 그대로 생겨난 환경 (ex. 섬, 바다, 모래사장 등)
	ㅇ ㅁ ㅎ ㄱ	자연환경을 이용해 사람이 만든 환경 (ex. 해수욕장, 항구, 양식장, 등대, 조선소 등)

 네가 말한 것처럼 '바다'하면 섬이나 배, 등대, 갈매기같은 요소들을 떠올릴 수 있어.
다양한 요소들을 활용하면 더 멋진 작품을 만들 수 있지.

 그러면 산이 많은 고장과 들이 펼쳐진 고장에 알맞은 요소는 어떤 것들이 있을까?
<보기>에서 찾아서 알맞은 칸에 적어보자~

보기

논 | 계곡 | 저수지 | 폭포 | 목장 | 밭 | 휴양림 | 비닐하우스

산이 많은 고장에 어울리는 요소	들이 펼쳐진 고장에 어울리는 요소

정답 예시 : (산이많은고장) 계곡, 저수지, 폭포, 휴양림
(들이펼쳐진고장) 논, 저수지, 목장, 밭, 비닐하우스

71

살고 있는 지역뿐만 아니라 계절에 따라서도 사람들의 생활 모습은 달라져.
계절에 알맞은 내용을 선으로 연결해 봐.

봄 •

여름 •

가을 •

겨울 •

• 덥고 습함, 장마

• 추위, 눈, 바람

• 따뜻, 꽃샘추위, 황사

• 맑은 날씨, 단풍

 나는 겨울이 좋아. 겨울엔 눈도 많이 와서 눈썰매도 타고 눈사람도 만들 수 있어. 동지에는 맛있는 팥죽도 먹고 크리스마스가 되면 산타할아버지가 선물도 주셔.

 겨울과 어울리는 요소는 눈, 눈썰매, 눈사람, 선물, 팥죽이 있지.
봄, 여름, 가을의 특징도 생각하면서 각 계절에 어울리는 요소들을 적어보자.

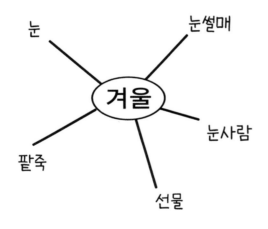

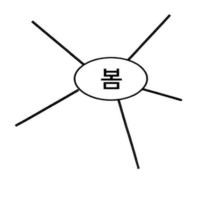

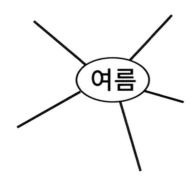

투닝 배움

01. 캐릭터를 추가하고 투닝 에디터 메뉴탭에서 <요소>를 클릭합니다.

　　다양한 항목 중, 원하는 요소를 선택하면 캐릭터에 적용됩니다.

02. 만약 두 개 이상의 요소를 적용하게 되면 캐릭터가 가려지는 경우가 발생하게 되는데,

　　이런 경우 오른쪽 위 '레이어'를 클릭해 레이어 순서를 변경해주면 됩니다.

투닝 배움 튜브를 끼고 있는 사람 표현하기

시원한 여름 바닷가를 배경으로 물놀이 장면을 표현하고 싶어요. 튜브 뒤나 튜브 앞이 아닌 튜브 사이에 들어가 있는 사람을 표현하고 싶다면 어떻게 하면 될까요?

01. 알맞은 캐릭터를 선택하고 <요소> 탭에서 튜브를 선택합니다.

02. 튜브를 선택 후, 화면 상단에서 복제를 클릭합니다.

03. 겉보기에는 달라진 것이 없지만 레이어 버튼을 눌러보면 튜브가 2개인 것을 확인할 수 있습니다.

04. 아래에 있는 캐릭터 레이어를 튜브 사이로 이동합니다.

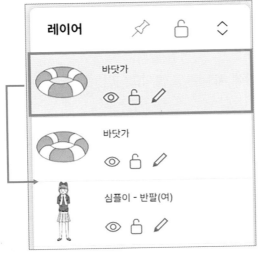

75

05. 튜브를 선택하고 화면 상단에서 자르기를 클릭합니다.

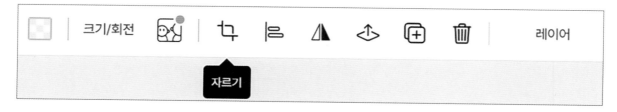

06. 캐릭터의 몸 앞으로 보여질 부분만 남기고 자릅니다.

내가 원하는 요소를 그림으로 쉽게 찾는 방법도 있어!

07. 투닝 에디터 화면에서 오른쪽 아래편에 있는 빨간색 AI 버튼을 클릭합니다.
그림으로 요소 검색을 클릭합니다.

AI는 Artificial Intelligence의 줄임말로 '인공지능'이라는 뜻이예요.

인공지능은 컴퓨터가 사람이 생각하는 것처럼 생각하도록 만든 시스템이예요.

핸드폰에 들어있는 빅스비나 시리도 인공지능이예요.

08. 그림을 그리면 아래쪽 화면에 내가 그린 그림과 비슷한 요소들을 AI가 보여줍니다.

09. 다양하게 제공된 요소 중 원하는 것을 선택하면 내가 그린 그림이 선택한 그림으로 바뀌게 됩니다.

오른쪽 아래편 리소스 추가 버튼을 클릭하면 작업 화면에 내가 선택한 요소가 삽입됩니다.

 내가 살고 있는 고장의 자연환경과 인문환경은 어떤가요? 계절에 따른 생활 모습도 생각하며 우리 고장 소개 포스터를 만들어봅시다.

학습지 QR

1. 우리 고장의 자연환경과 인문환경을 살펴봅시다.

자연환경	예) 큰 바다가 있다, 주위에 크고 작은 섬이 많다.
인문환경	예) 해수욕장이 있다. 관광객을 위한 음식점이 많다.
생활모습	예) 바다에서 물고기를 잡는다. 양식장에서 미역을 기른다.

2. 우리 고장을 가장 잘 나타낼 수 있는 장면은 무엇일까요?
포스터에 적합한 장면을 떠올려봅시다.

예) 해수욕장이 있다. 관광객을 위한 음식점이 많다.

3. 포스터에 적합한 요소들을 생각해봅시다.

예) 섬을 이어주는 다리, 모래성, 갈매기, 비치볼, 등대 등

4. 다양한 요소들을 활용해 우리 고장 소개 포스터를 만들고 나의 투닝 보드에 올려봅시다.

배움 정리

01	다양한 요소를 활용할 경우, 캐릭터가 요소에 가려질 수 있습니다. 이럴 경우, [ㄹ ㅇ ㅇ] 순서를 조절하면 해결할 수 있습니다.
02	컴퓨터가 사람이 생각하는 것처럼 생각하도록 만든 시스템을 [ㅇ ㄱ ㅈ ㄴ] 이라고 합니다.
03	다음 중 바르지 않은 말을 한 사람은 누구인가요? ( )

정답 : (레이어), 인공지능, 지아

자기 평가

01	필요한 요소를 글이나 그림으로 검색할 수 있나요?	☆☆☆☆☆
02	적합한 요소를 사용해 고장 소개 포스터를 만들 수 있나요?	☆☆☆☆☆

감각적으로 표현해요

효과와 배경을 사용해 실감나게 표현해요.

벚꽃팝콘

배움 주제

감각적 표현을 그림으로 나타내 봅시다.

배움 열기

내가 문제를 가져왔어.
힌트를 잘 보고 답이 무엇인지 맞춰 봐~!

힌트	동그란 모양, 빨간색	달콤한 냄새	새콤달콤한 맛	뽀드득 소리 (손으로 문지를 때)	매끈하면서 오돌토돌한 느낌

정답은 바로 [ㅅ ㄱ]야.
눈, 귀, 코, 입, 손으로 자세하게 설명해줘서 쉽게 맞출 수 있었어

맞아. 이것처럼 사물에 대한 느낌을 표현할 때 '보고, 듣고, 맛보고, 냄새맡고, 만지는 것'과 같이 생생하게 표현하는 것을 [ㄱ ㄱ ㅈ] 표현이라고 해.

[ㄱ ㄱ ㅈ] 표현을 사용해서 이야기하니까 그냥 이야기할 때보다 더 실감났어.
앞으로는 자주 사용해야지!

그래~ 좋은 생각이야. 이런 [ㄱ ㄱ ㅈ] 표현은 시나 이야기, 노래 가사에도 많이 사용되고 있어. 우리 주변에 사용되는 감각적 표현에는 어떤 것들이 있을까?

내가 찾은 감각적 표현은 [   ]야.
[눈 / 코 / 입 / 귀 / 손]을 사용한 표현이야.

 그림에서도 움직임을 표현할 수 있다는 사실을 알고 있나요?

위의 그림처럼 손을 흔드는 모습을 표현하려면 어떻게 하면 될까요?

01. 알맞은 캐릭터를 선택하고 캐릭터 속성창에서 세 번째 탭을 선택합니다.

아래 부분에서 오른팔을 클릭하면 오른팔만 복제됩니다.

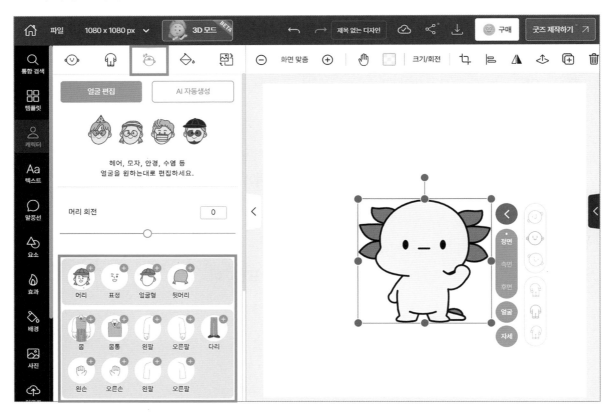

02. 복제된 오른팔의 위치와 각도를 조절해 적절한 위치에 배치합니다.

레이어 위치도 조절하여 원래의 손 뒤쪽으로 가도록 합니다.

※ Tip !!

두 개 이상의 효과를 적용하여 캐릭터가 가려지게 되는 경우에는 오른쪽 위 '레이어'를 클릭해
레이어 순서를 변경합니다.

03. 속성창에서 '이미지 변환' 탭을 클릭해 비트맵 이미지로 변환합니다.

비트맵 이미지로 변환하면 필터와 세부조정이 가능해집니다.

04. 변환된 이미지의 투명도를 높여서 투명하게 만듭니다.

05. 손을 흔드는 것처럼 보이는 적절한 효과를 추가하면 완성됩니다.

[실습해보세요] 보이는 것과 다른 속마음 표현하기

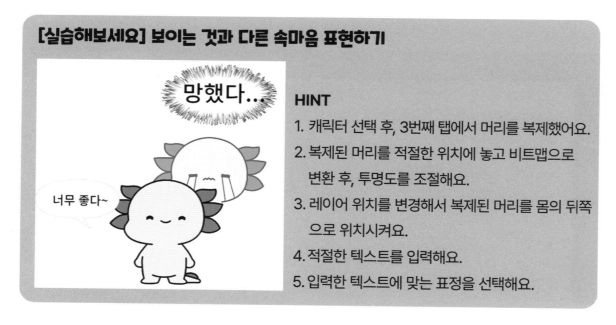

HINT

1. 캐릭터 선택 후, 3번째 탭에서 머리를 복제했어요.

2. 복제된 머리를 적절한 위치에 놓고 비트맵으로 변환 후, 투명도를 조절해요.

3. 레이어 위치를 변경해서 복제된 머리를 몸의 뒤쪽으로 위치시켜요.

4. 적절한 텍스트를 입력해요.

5. 입력한 텍스트에 맞는 표정을 선택해요.

투닝 배움 　배경과 어울리게 캐릭터 배치하기

 왼쪽 그림은 사람이 카운터 앞에 서 있지만 오른쪽 그림은 사람이 카운터 뒤쪽에 있어요.
오른쪽처럼 표현하고 싶을 때, 어떻게 하면 될까요?

01. 적절한 캐릭터를 고르고 알맞은 배경을 넣어줍니다. 앞에 나온 예시 작품처럼 카페 카운터 뒤쪽에
서 있는 사람을 표현하기 위해 카페 내부에서 배경을 선택했습니다.

02. 배경을 클릭하고 Ctrl+C(복사), Ctrl+V(붙여넣기) 하면 배경이 살짝 어긋나게 붙여집니다.
어긋난 배경을 바르게 맞춰 줍니다. 화면상으로는 배경밖에 보이지 않지만 레이어를 확인해보면
2개의 배경 사이에 캐릭터가 있음을 확인할 수 있습니다.

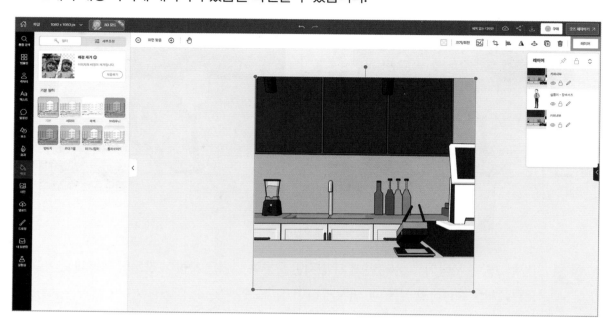

03. 배경을 클릭하고 자르기를 선택합니다.

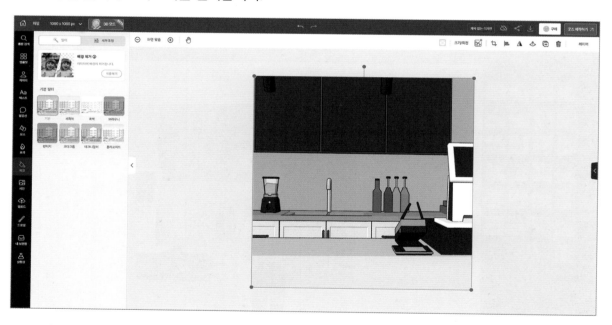

※ Tip !!

자르기 모양은 사각형, 원형, 삼각형으로 가능합니다.

04. 맨 위쪽 자르기 기준점을 클릭 후 캐릭터로 덮힐 부분 위까지 끌어내립니다.

　　불투명한 부분은 삭제되고 선명한 부분만 남게 됩니다.

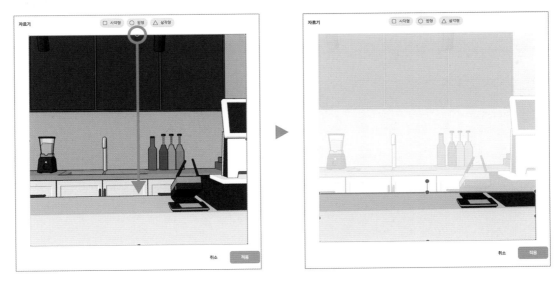

※ Tip !!

04번 설명대로 실행하게 되면 카운터 앞쪽 책상만 배경으로 남게 됩니다. 카페 뒷배경(맨 아래 레이어)과 카운터 데스크(맨 위에 있는 잘라낸 배경) 사이에 캐릭터를 끼워넣을 수 있어요.

05. 어색한 부분이 없도록 맨 위쪽 배경과 캐릭터를 배치합니다.

 우리 주변에서는 감각적 표현을 쉽게 찾아볼 수 있습니다.
우리 주변의 감각적 표현을 찾아보고 그림으로 표현해 봅시다.

학습지 QR

1. 우리 주변에서 감각적 표현을 찾아봅시다.

분야	감각적 표현(제목-출처)
시	예) 탕탕- 땅바닥을 두들기고(공 튀는 소리-3학년 교과서)
이야기	예) 뿌우우우우웅!(바삭바삭 갈매기-3학년 교과서)
노래가사	예) 펑펑펑펑펑 퐁퐁퐁퐁퐁(벚꽃팝콘-동요)

2. 위에서 찾은 감각적 표현중에 그림으로 표현하기에 가장 적절한 장면은 무엇일까요?
어떤 장면으로 표현하면 좋을까요?

예) 펑펑펑펑펑 퐁퐁퐁퐁퐁 / 봄 들판에서 벚꽃이 팝콘처럼 팡팡 터지는 장면

3. 다양한 효과와 배경을 활용해 감각적 표현을 그림으로 나타내고 나의 투닝 보드에 올려봅시다.

배움 정리

01	[ㄱ ㄱ ㅈ] 표현이란 사물에 대한 느낌을 표현할 때 '보고, 듣고, 맛보고, 냄새맡고, 만지는 것'과 같이 생생하게 표현하는 것이다.	
02	친구들에게 감각적 표현을 사용해 '가을'을 설명하려고 합니다. 다음 중 옳지 않은 것은 무엇인가요? ( )	

02			
	①	👁	은행잎은 반달모양이다.
	②	👃	밟힌 은행 열매는 똥냄새가 난다.
	③	👄	추석 때 먹은 달콤한 송편이 기억난다.
	④	👂	낙엽 ASMR
	⑤	✋	향긋한 사과 냄새

참고 정답 : (힌이씨터) 정답지, 5

자기 평가

01	주변에서 감각적 표현을 찾을 수 있는가?	☆☆☆☆☆
02	감각적 표현을 그림으로 표현할 수 있는가?	☆☆☆☆☆

우리 몸을 살펴봐요

드로잉을 활용해 개성있는 작품을 만들어요

배움 주제

몸을 강화하는 장치를 설계해 봅시다.

배움 열기

어머니께서 스마트워치를 새로 사주셨어.

오늘 하루 걸음수도 알 수 있고 맥박, 스트레스 지수도 알 수 있어서 신기했어.

맞아. 스마트워치를 통해 우리 몸의 기능을 확인하고 관리할 수 있지.

우리 몸을 구성하는 기관에는 어떤 것들이 있는지 살펴보자.

[ㅅ ㅎ] 기관	음식물 속 영양소와 수분을 흡수한다.	입, [ㅅ ㄷ], 위, 작은창자, 큰창자, 항문
[ㅅ ㅎ] 기관	산소와 영양소를 운반한다.	[ㅅ ㅈ], 혈관
[ㅎ ㅎ] 기관	산소를 받아들이고 이산화탄소를 내보낸다.	코, [ㄱ ㄱ], 기관지, 폐
[ㅂ ㅅ] 기관	노폐물을 걸러 내어 몸 밖으로 내보낸다.	[ㅋ ㅍ], 오줌관, 방광, 요도
[ㄱ ㄱ] 기관	자극을 받아들이고 신경계로 전달한다.	[ㄴ],[ㄱ],[ㅋ], [ㅇ],[ㅍ ㅂ]

나는 시력이 좋지 않아서 안경을 쓰고 있는데 너무 불편한 점이 많아.

어제도 라면 먹을 때 안경에 김이 서려서 너무 불편했어.

그랬구나. 과학이 발전하면서 우리 몸의 기관을 강화하는 다양한 장치도 개발되고 있어.

그러면 이번 시간에는 우리 몸을 강화하는 장치를 한 번 설계해보자.

퀴즈 정답 : 〈소화기관〉 〈순환기관〉 〈호흡기관〉 〈배설기관〉 〈감각기관〉

소장, 심장, 콩팥, 혀, 귀, 눈, 피부

91

01. <요소> 탭에서 원하는 대상을 선택하고 적당한 크기로 조절합니다. 그리고 '드로잉' 탭에서 드로
    잉 생성을 클릭해주세요. 예시로는 고양이를 그려보겠습니다.

02. 그림의 선을 따라 알맞은 도구로 선을 따라 그립니다. 그림을 다 그리면 오른쪽 아래편에 있는
    적용을 눌러 에디터 화면으로 나옵니다.

※ Tip !!

그림을 그리다가 실수할 경우 고치는 방법은 3가지가 있습니다. 작은 부분의 실수일 경우에는 ① **지우개 버튼**을 사용하고 이전 작업으로 돌아가고 싶으면 ② **실행 취소 버튼**을 클릭합니다. 작업했던 모든 내용을 삭제하고 싶은 경우 ③ **전체 삭제 버튼**을 클릭하면 됩니다.

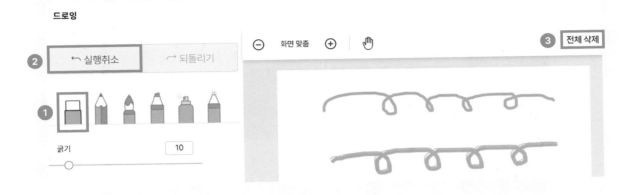

 그림 따라그리기 활동을 할 때, 투닝안에 있는 그림 요소뿐만 아니라 인터넷에서 가져온 그림을 활용해도 괜찮아요. 하지만 저작권 문제가 있으니 주의가 필요해요!

03. 원본 그림은 삭제합니다. 드로잉 결과물은 비트맵 이미지로 저장되므로 이미지 조절이나 필터 사용이 가능합니다.

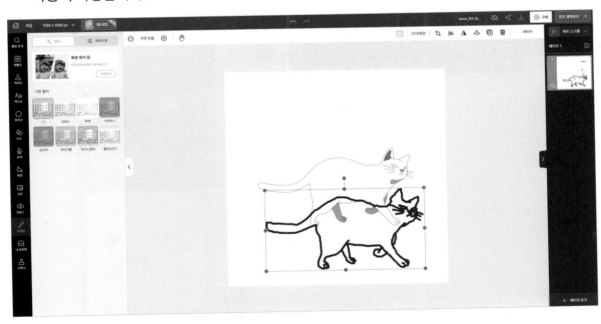

04. 드로잉 작업물은 <드로잉> 탭에 계속 존재하게 됩니다.

드로잉을 삭제할 경우 체크박스를 클릭해 삭제할 드로잉을 선택 후 휴지통 버튼을 누르면 됩니다.

한 번 삭제한 드로잉은 되돌릴 수 없으니 주의하세요.

05. 오른쪽 위편 도구상자 중 공유 버튼을 누르면 공유가 가능합니다.

링크 공유, 사본 저장, 투닝 보드 공유 3가지 중 선택할 수 있습니다.

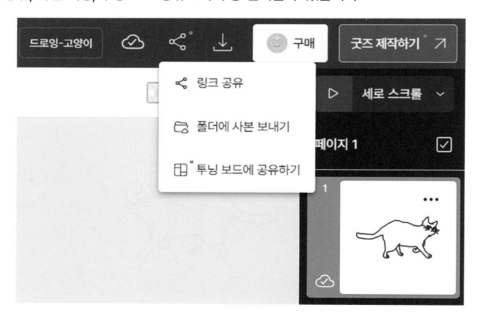

06. 오른쪽 위편 도구상자에는 굿즈 제작하기 버튼이 있습니다.

　내가 작업한 작업물을 티셔츠, 키링, 쿠션, 시계, 도장 등 다양한 굿즈로 제작할 수 있습니다.

배움 맺기 몸을 강화하는 장치를 설계해 봅시다.

1. 우리 몸을 전체적으로 살펴보며 부위별로 강화하면 좋을 기능들을 생각하여 적어 봅시다.

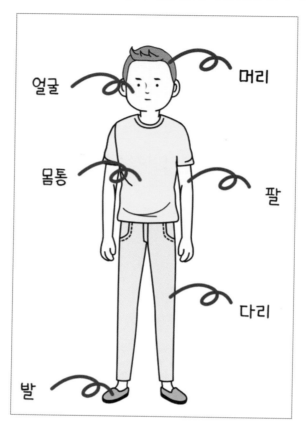

2. 위의 내용을 참고하여 강화하고 싶은 신체 부위를 정하고 구체적인 기능을 생각해 봅시다.

강화하고 싶은 부위	예) 팔
구체적인 기능	예) 무거운 것을 손쉽게 들 수 있다. 팔이 마음대로 늘어난다 등
표현방법	예) 집게팔 모양의 로봇팔로 나타낸다. 무거운 짐을 들고 있는 모습을 그린다 등

3. 캐릭터를 배경으로 하여 드로잉 기능을 활용해 몸을 강화하는 장치를 그려보고 나의 투닝 보드에 올려봅시다.

배움 정리

01	드로잉 과정에서 그림을 그리다가 실수로 인해 선이 삐뚤게 그려졌습니다. 다음 중 수정하는 방법으로 가장 옳지 않은 것은 무엇입니까? ( ) ① 지우개 버튼 ② 실행 취소 버튼 ③ 전체 삭제 버튼		
02	건강을 지키는 방법으로 다음 중 옳지 않은 것을 모두 고르세요. ( )		
	①	물을 충분히 마신다.	
	②	피부를 지키기 위해 햇빛은 무조건 피한다.	
	③	건강을 위해 식사 후에 바로 운동을 한다.	
	④	외출 후에 손과 발을 깨끗하게 씻는다.	
	⑤	음식을 골고루 먹고 편식하지 않는다.	

정답 코드 : 않이(배시마라) ③, ②③

자기 평가

01	드로잉 기능을 활용해 따라그리기를 할 수 있는가?	☆☆☆☆☆
02	드로잉 결과물을 다양한 방법으로 공유할 수 있는가?	☆☆☆☆☆

유명한 화가가 되어 보아요

투닝 매직으로 화가의 화풍으로 표현해 보아요!

배움 주제

유명한 화가가 되어 나만의 작품을 만들어 봅시다.

배움 열기

여러분은 어떤 화가를 좋아하나요? 그림을 그리는 방법이나 양식을 '**화풍**'이라고 합니다.
화가가 태어난 시대나 살아가는 삶이 달라 화가마다 다양한 화풍을 가지고 있어요.

저는 **반 고흐**의
'**별이 빛나는 밤**'을 좋아해요!

반 고흐 <별이 빛나는 밤>

반 고흐의 화풍은 두 가지 특징이 있어요.
첫 번째, 물감의 색이 아주 (**강하게** / **연하게**) 사용했어요.
두 번째, 붓질도 (**두껍게** / **약하게**) 칠해서, 반 고흐의 그림을 가까이서 보면 마치
물감이 튀어나오는 듯한 느낌이 들어요.

김홍도 <씨름>

저는 김홍도의 '씨름'을 좋아해요!

김홍도는 조선 후기의 대표적인 화가로 (**추상적인** / **사실적인**) 표현으로 유명하며
인물의표정, 자세 등 당시 사람들의 생활을 [ㅅ ㄷ ㄱ] 있게 전달합니다.

두 화가의 화풍을 정리하자면 아래와 같아요.

화가		화풍
반 고흐		자신의 감정을 담아 강렬한 색과 붓질로 표현
김홍도		사실적이고 생동감 넘치는 일상생활을 주제로 표현

 반 고흐와 **김홍도**의 화풍이 다르니 같은 주제로 그림을 그려도 서로 다른 느낌의 그림이 완성된답니다! 누구의 그림인지 맞추어 보세요!

> 나무 아래 앉아 있는 두명의 사람 그림, 여름, 맑은 하늘, 주택가, 시원한 분위기
>
> 46/400

(   )

(   )

정답 : 반고흐 / 김홍도

투닝 배움

01. 투닝 홈페이지에서 왼쪽 위에 투닝 매직을 클릭하고 글로 생성을 선택합니다.

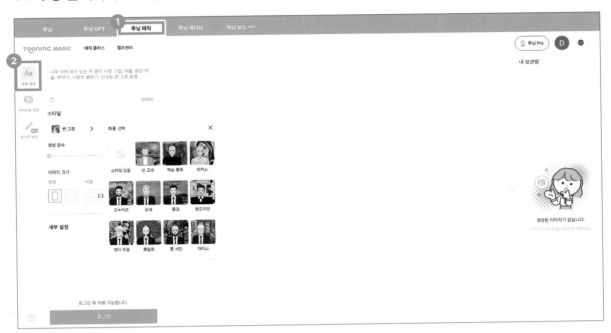

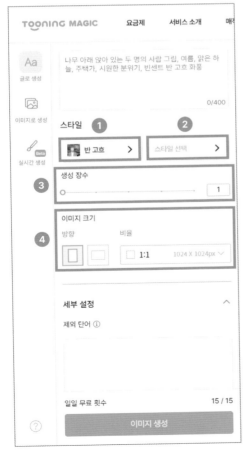

① 스타일에서 화풍을 클릭하면 세계에서 유명한 16명의 화가의 화풍을 선택할 수 있습니다.

② 스타일 선택을 클릭하면 미술의 다양한 표현 방법을 선택하여 표현할 수 있습니다.

③ 생성 장수는 한 번에 생성되는 이미지의 수입니다. 기본 1로 설정되어 있으나 3으로 설정하면 한 번에 3장을 생성할 수 있습니다.

④ 이미지 방향을 세로, 가로로 바꿀 수 있고 이미지의 비율은 다음과 같습니다.

☑ 1:1	1024 X 1024px	1:1 정사각형 비율로 카드뉴스 등 소셜 미디어에 사용함
☐ 4:5	896 X 1152px	소셜 미디어 콘텐츠에 일반적으로 사용되는 비율
☐ 2:3	832 X 1216px	전통적으로 필름 카메라의 비율과 비슷함
☐ 9:16	768 X 1344px	텔레비전, 스마트폰 등에서 가장 많이 사용되는 비율 (릴스, 숏츠 등)
☐ 9:21	640 X 1536px	가로 변경하면 영화 스크린비율로 '울트라 와이드'라고 함

02. 프롬프트 입력 창에 원하는 단어를 쓰고 원하는 화가의 화풍을 선택한 뒤,
이미지 생성을 클릭하면 이미지가 생성됩니다.

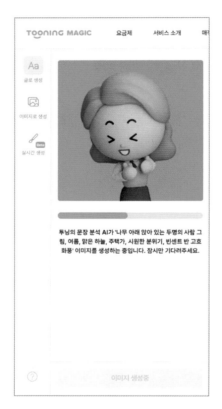

 프롬프트는 간단히 이야기하면 '명령어'라는 의미예요!
생성형 AI를 사용할 때는 내가 원하는 결과를 얻기 위해서 프롬프트를 정확하고 구체
적으로 입력하는 것이 중요합니다.

※ Tip !!
이미지 생성이 무료 버전은 하루에 4번까지 가능하고 유료 버전은 하루에 15번까지 가능합니다.
투닝 매직을 사용할 수 있는 횟수는 매일 채워집니다.

 똑똑햄, 저기 세부 설정은 뭐예요?

 세부 설정 **제외 단어**에 입력한 단어는 이미지 생성에 영향을 주제 안고 제외됩니다!
그리고 **생성 단계**와 **원본 텍스트 반영** 정도를 높일수록 프롬프트에 쓴 내용과 더욱 관련
있게 그림이 생성되어요!

03. 투닝 매직 오른쪽 편 '내 보관함' 생성된 이미지에 마우스를 갖다 댄 뒤, ┄ 를 클릭하면 다음과
같은 목록이 뜹니다.

화풍, 프롬프트 등 자신이 설정한 이미지 정보를 알 수 있습니다.

빈 캔버스에 다시 그림을 띄울 수 있습니다.

컴퓨터에 이미지 파일을 다운로드 받을 수 있습니다.

투닝 보드에 이미지를 공유할 수 있습니다.

내 보관함에서 이미지가 삭제됩니다.

※ Tip !!

다운로드가 완료되었습니다!

투닝 매직을 통해 생성한 결과물은
개인적·교육 목적으로만 이용 가능합니다.

결과물을 상업적으로 활용하시면 저작권 침해가 성립됩니다.

☐ 다시 보지 않기

생성된 이미지를 다운로드 받아 사용할 때는 저작권법에 따라 개인적 · 교육적 목적으로만
이용 가능합니다. 돈을 버는 목적으로 사용하면 저작권을 침해하는 행위입니다.

* 상업적: 상품을 사고파는 행위를 통하여 이익을 얻는 것

04. 투닝 보드에 공유하기를 클릭한 후 원하는 투닝 보드에 공유합니다.

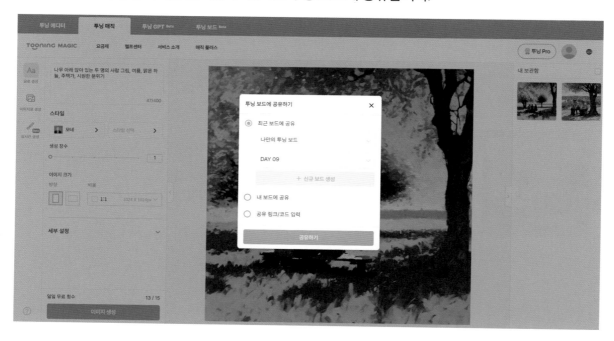

배움맺기 여러분은 어떤 화가를 좋아하나요? 투닝 매직에 등장하는 다양한 화가를 조사해 보고 여러분이 가장 마음에 드는 화가의 화풍으로 그림을 표현해 봅시다.

학습지 QR

화가 이름	
화가 화풍	
화가의 대표 작품	
화가를 좋아하는 이유	예) 빛에 비치는 장면을 붓과 물감으로 잘 표현해서 좋아합니다.
만들고 싶은 그림 (프롬프트 입력 내용)	예) 나무 아래 앉아 있는 두 명의 사람, 여름, 맑은 하늘, 주택가, 빈센트 반 고흐 화풍

※ 투닝 매직에 프롬프트 입력 내용을 쓰고 화풍을 선택 후 이미지를 생성한 후 나의 투닝 보드에 올려봅시다.

01	이 그림은 어떤 화가의 그림일까요?  ( )
02	생성형 AI에서 원하는 결과물을 얻기 위해서 □□□□를 구체적으로 쓰는게 중요합니다.
03	생성형 AI를 상업적으로 사용하면 □□□ □□가 되니 주의해서 사용하는 것이 필요합니다.

자기평가

01	내가 좋아하는 작가에 대해 조사해 보았나요?	☆☆☆☆☆
02	내가 좋아하는 작가의 화풍으로 이미지를 생성해보았나요?	☆☆☆☆☆

인공지능과 함께 그림을 그려요

직접 그림을 그려서 인공 지능으로 표현해봅시다.

배움 주제

그림을 직접 그리고 인공 지능으로 표현해 봅시다.

고양이가 여러 가지 방법으로 표현되어 있는데 어떤 고양이가 가장 마음에 드나요?

향상된	애니메이션	사진	디지털 아트	코믹스	판타지 아트	아날로그	네온 펑크
3D 모델	픽셀 아트	종이접기	라인아트	클레이 아트	시네마틱	아이소메트릭	로우 폴리곤

저는 종이접기가 마음에 들어요.
왜냐하면 종이가 접힌 것처럼 표현된 고양이가 신기하거든요!

저는 판타지 아트가 마음에 듭니다.
왜냐하면 고양이가 판타지 속에 있는 것처럼 신비한 모습으로 그려졌기 때문입니다.

저는 [   ]가 마음에 듭니다.

왜냐하면 [   ] 입니다.

그림을 표현하는 다양한 방법이 있어요.
내가 직접 그림을 그리면 인공 지능으로 원하는 스타일로 그림을 표현할 수 있어요.

투닝 배움

01. 투닝 홈페이지에서 왼쪽 위에 투닝 매직을 클릭하고 **이미지로 생성**을 선택하여
프롬프트에 자신이 원하는 그림을 글로 씁니다.

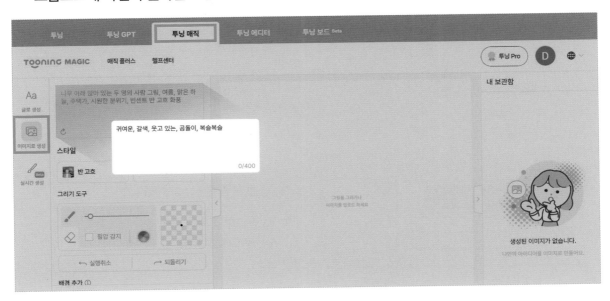

02. 자신이 원하는 화풍 또는 스타일을 선택합니다.

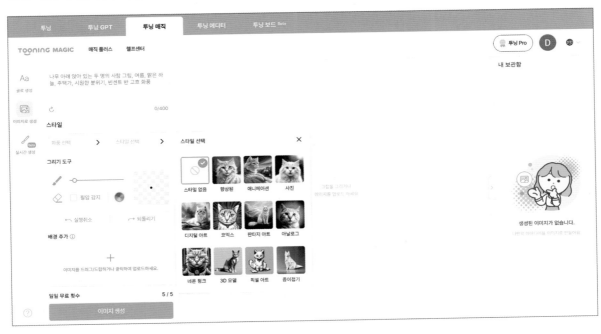

03. 다음과 같이 그리기 도구를 선택하여 그림을 그립니다.

그리기 도구

① 오른쪽으로 갈수록 굵게, 왼쪽으로 갈수록 얇게 붓 굵기를 변경할 수 있습니다.

② 붓 굵기의 정도를 시각으로 확인할 수 있습니다.

③ 붓의 색깔을 바꿀 수 있습니다.

그리기 도구

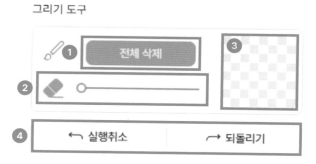

① 캔버스의 그림을 모두 지웁니다.

② 오른쪽으로 갈수록 크게, 왼쪽으로 갈수록 작게 지우개 크기를 변경할 수 있습니다.

③ 지우개 크기를 시각으로 확인할 수 있습니다.

④ 한 단계 이전, 이후로 돌릴 수 있습니다.

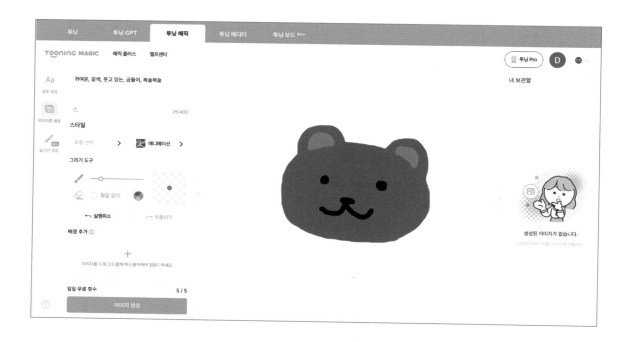

※ Tip !!

붓의 굵기와 색깔을 바꿔서 그림을 그리면 자신이 원하는 이미지에 가깝게 생성할 수 있습니다.
생성된 이미지가 마음에 들지 않으면 프롬프트를 바꾸거나 그림을 다시 그려보세요!

04. 이미지 생성 버튼을 클릭하면 투닝의 문장 분석 AI가 글과 그림을 바탕으로 이미지를 생성합니다.

이 그림보다 내가 원하는 그림을 좀 더 생생하게 만들고 싶으면 어떻게 해야 할까요?

그러면 투닝 매직 실시간 생성을 이용해 볼까요?

05. 투닝 홈페이지에서 왼쪽 위에 투닝 매직을 클릭하여 실시간 생성을 클릭하고 휴지통 모양을 눌러
그림을 지웁니다.

06. 왼쪽에 팔레트를 클릭하면 색상을 선택할 수 있습니다. 자신이 원하는 색상, 명도, 채도에 따라 붓의 색상을 선택해 봅시다.

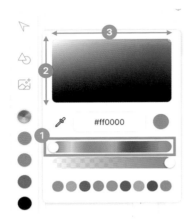

① 색상 : 색을 빨강, 노랑, 파랑 등으로 구별하게 하는 색 자체가 갖는 고유의 특성

② ㅁ ㄷ : 색의 밝고 어두운 정도

③ ㅊ ㄷ : 색의 밝고 어두운 정도

07. 위쪽 프롬프트에 자신이 원하는 그림에 대한 정보를 간단히 적고 그림을 그리면 실시간으로 이미지가 생성됩니다.

08. 그림을 다 완성한 후 AI 강도를 좌우로 조정해 봅시다.

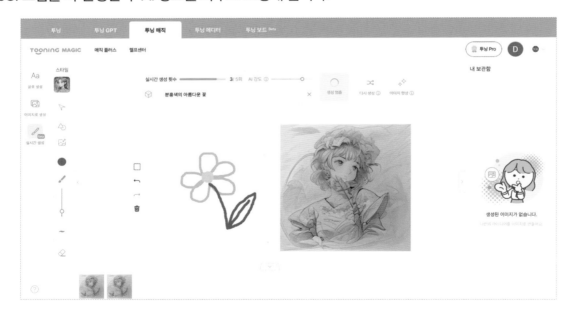

'AI 강도'란 AI의 자율성을 높이는 것으로 AI 강도가 강할수록 창의적인 그림을 만들 수 있어요!

112

배움 맺기 여러분은 어떤 스타일을 좋아하나요? 투닝 매직에 등장하는 다양한 스타일 중에 여러분이 가장 마음에 드는 스타일로 그림을 표현해 봅시다.

학습지 QR

투닝 매직 스타일							
향상된	애니메이션	사진	디지털 아트	코믹스	판타지 아트	아날로그	네온 펑크
3D 모델	픽셀 아트	종이접기	라인아트	클레이 아트	시네마틱	아이소메트릭	로우 폴리곤

제목	
스타일	
그림 그리기 (그림 연습하기)	
그림에 어울리는 프롬프트 작성하기	예) 귀여운, 갈색, 웃고 있는, 곰돌이, 복슬복슬

※ 투닝 매직에 프롬프트 입력 내용을 쓰고 스타일을 선택 후 이미지를 생성한 후 나의 투닝 보드에 올려봅시다.

배움 정리

01	판타지 속에 있는 신비한 모습으로 표현되는 방법은 무엇일까요? ( )
02	생성된 그림이 마음에 들지 않는 이유는 그림을 잘 못 그렸기 때문입니다. (O / X)
03	□□ □□는 AI의 자율성을 높이는 것으로 □□ □□가 강할수록 창의적인 그림을 완성할 수 있습니다.

자기 평가

1	자신이 마음에 드는 스타일을 선택할 수 있나요?	☆☆☆☆☆
2	다양한 스타일을 활용하여 이미지로 생성을 해보았나요?	☆☆☆☆☆
3	실시간 생성으로 이미지를 만들어 보았나요?	☆☆☆☆☆

깨끗한 디지털 세상을 위한 캠페인

투닝 매직으로 디지털 윤리 캠페인 포스터를 만들어 봅시다.

배움 주제

깨끗한 디지털 세상을 위한 캠페인 포스터를 만들어 봅시다.

인공지능(AI) 기술을 사용해서 이미지를 만드는 것에 대해 토론을 해보아요.
동글이 학생은 어떻게 생각하나요?

저는 찬성이에요~ 인공지능(AI) 기술로 이미지를 만들면 편리하고 좋잖아요!
제가 머릿속으로 생각하는 것보다 더 잘 만들어져서 뿌듯해요!

올바르게 사용하면 편리하고 좋죠. 반대의 입장을 들어볼까요?
다른 학생은 어떻게 생각하나요?

저는 반대입니다. 최근 인공지능(AI) 기술을 이용해 특정 영상에 합성하는 기술로 유명인에
서 일반인까지 사람들의 얼굴을 악의적으로 합성하는 사례가 늘어나고 있기 때문입니다.

그걸 바로 뭐라고 할까요?

[ㄷ ㅍ ㅇ ㅋ]! 맞죠?

딥페이크는 '착한 딥페이크', '나쁜 딥페이크'로 다음과 같이 나눌 수 있어요.

정답 : 딥페이크

116

착한 딥페이크	나쁜 딥페이크

- 독립운동가분들의 얼굴을 웃는 얼굴로 　바꿀 수 있어요 - 그리운 가족이나 친구의 얼굴을 　생생하게 만들 수 있어요 - 실종 아동을 찾는 일에 사용할 수 있어요	- 친구, 유명인의 얼굴을 야한 사진에 합성해요 - 사진을 합성하여 보이스피싱 범죄에 악용해요 - 가짜 뉴스를 만들어서 사람들을 속여요

 원래는 딥페이크를 나쁘게 사용한 사람만 처벌을 받았지만,
이제는 저장하거나 보기만 해도 처벌받을 수 있어요.

인공지능으로 이미지를 생성하는 사람도 보는 사람도 책임감을 가지고
인공지능을 올바르게 사용해야 할 필요가 있을 것 같아요.

선정적이거나 폭력적인 이미지로 흐림 처리되었습니다.

 **생성형 AI를 사용하다 보면 내 의도와 다르게 선정적이거나 폭력적인 이미지가 생성
되기도 합니다. 하지만 투닝은 선정적이거나 폭력적인 이미지는 흐림 처리가 되니 걱정
말아요! 우리 모두 깨끗한 디지털 세상을 만들어 보아요!**

117

01. 투닝 매직의 글로 생성이나 이미지로 생성을 이용해서 디지털 윤리에 어울리는 프롬프트를 작성하고 스타일을 선택합니다.

02. 이미지 생성을 클릭하여 원하는 이미지를 생성합니다.

03. 투닝 에디터에서 제일 왼쪽 아래에 내 보관함을 클릭 후 투닝 매직 파일을 클릭합니다.

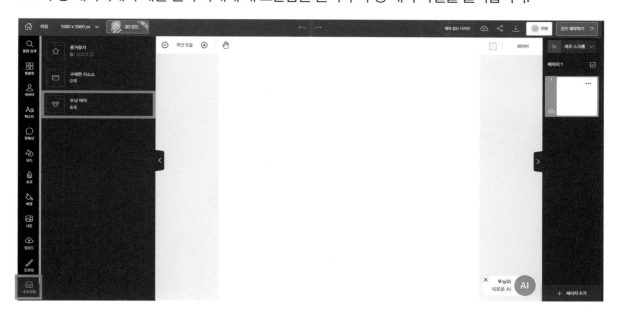

04. 내 보관함에서 디지털 윤리 포스터에 원하는 이미지를 선택합니다.

 인공지능(AI)을 사용해 이미지를 생성하면 사실과 다르거나 의도한 바와 관련 없는 이미지를 만드는 '할루시네이션'이 발생할 수 있습니다.

05. 마우스로 이미지를 클릭하고 왼쪽에 배경 제거 적용하기를 누릅니다.

06. 인물의 크기를 조정하고 어울리는 배경과 요소, 텍스트를 선택한 후 꾸며주면 완성이 됩니다.

배움 맺기 여러분이 생각하는 디지털 윤리 문제는 무엇이 있는지 떠올려 보고, 깨끗한 디지털 세상을 위한 캠페인 포스터를 만들어 봅시다.

학습지 QR

내가 생각하는 디지털 윤리 문제	예) 사이버 언어폭력, 디지털 성범죄, 개인정보 유출 등
생성하고 싶은 이미지의 특징	예) 소년, 짧은 머리, 화나는, 팔짱 끼는 등
디지털 윤리 캠페인 표어	예) 디지털 세상, 함께 책임지자!

 '표어'란 나의 주장이나 의견을 간결하게 나타낸 짧은 문구를 뜻합니다!
깨끗한 디지털 세상을 위한 표어를 만들어 보아요.

깨끗한 디지털 세상을 위한 나의 다짐	

※ 디지털 윤리 캠페인 포스터를 나의 투닝 보드에 올린 후 친구들과 공유하여 댓글을 달아봅시다.

배움 정리

01	최근 인공지능(AI) 기술을 이용해 특정 영상에 기존 인물의 얼굴이나 특정 부위를 합성하는 기술은 무엇일까요? ( )
02	인공 지능(AI)을 사용하면 내 의도와 다르게 선정적이거나 폭력적인 이미지가 생성될 수 있으므로 책임감을 가지고 사용해야 합니다. (O / X)
03	인공 지능(AI)을 사용하여 이미지를 생성하면 사실과는 다르거나 의도한 바와 관련 없는 이미지를 만드는 [ ]이 생길 수 있습니다.

배움 정답 : 1) 딥페이크 2) O 3) 할루시네이션

자기 평가

01	투닝 매직 플러스로 이미지를 생성하여 디지털 윤리 캠페인 포스터를 만들어 보았나요?	☆☆☆☆☆
02	깨끗한 디지털 세상을 위한 다짐을 했나요?	☆☆☆☆☆

다양한 인물과 대화해 보아요

투닝 GPT를 이용하여 역사적 인물과 인터뷰를 해 봅시다.

배움 주제

역사적 인물과 인터뷰를 해 봅시다.

동글이는 역사에 관심이 있어?
나는 요즘 위인전을 읽는 것이 너무 재밌어!

나도 역사 좋아하지.
그중에서도 다양한 역사적 인물이 한 일에 대해 공부하는 것이 제일 좋아.

그럼 내가 역사적 인물과 관련된 퀴즈를 내볼게.
관련 있는 것끼리 한번 이어봐.

유관순
●

세종대왕
●

이순신
●

● 조선의 장군, 임진왜란때 일본과
　바다에서 싸워 큰 승리를 이끔.

● 조선시대 4대 왕, 훈민정음을 창제함.

● 아우내 3·1 만세 운동을 주도한
　독립운동가

이정도는 식은 죽 먹기지!
그런데 그거 알아? 투닝 GPT를 이용하면 역사적 인물과 대화도 할 수 있대!

퀴즈 정답 : 3, 2, 1

정말? 내가 대화하고 싶은 인물을 마인드맵을 이용해 한번 정리를 해보면 좋겠다.
마인드맵이란 **'지도를 그리듯이 생각을 정리하는 방법'**이야.
한번 마인드맵으로 대화하고 싶은 인물을 자유롭게 적어보자.

내가 조사하고 싶은 역사적 인물 마인드맵 그리기

 역사적 인물과 대화를 할 수 있다면 나는 TV에 나온 것처럼 인터뷰를 해 보고 싶어.

 인터뷰? 그게 뭐야?

 인터뷰란 '어떠한 목적을 가지고 다른 사람과 대화하는 것'을 이야기해.
궁금한 것이 있거나 그 사람에 대해 알고 싶을 때 인터뷰를 많이 하지!

 **캐릭터와 대화하기**

01. 투닝 홈페이지에서 왼쪽 위에 투닝 GPT를 클릭하고 캐릭터를 누릅니다.

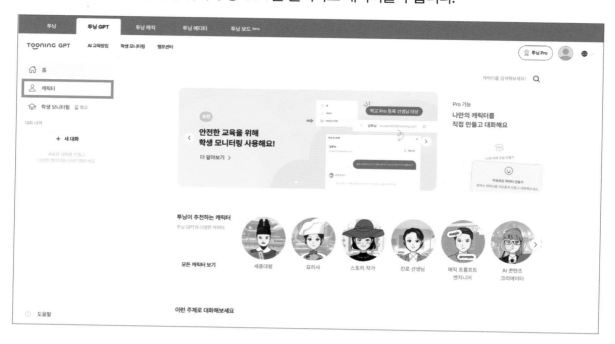

02. 홈페이지 가운데 원하는 캐릭터를 선택하면 그 캐릭터와의 대화창이 나타납니다.

 똑똑햄, 클릭할 때 나오는 '캐릭터 소개'는 뭐야?

126

캐릭터 소개는 그 인물에 대한 설명이 나와 있어 인물에 대해 자세히 알 수 있어.
모르는 인물이 있으면 캐릭터 소개를 클릭해봐!

03. 캐릭터와 대화할 수 있는 다른 방법으로는 '+ 새 대화'를 누르고 원하는 인물을 선택한 뒤 대화 만들기를 누릅니다.

① : '+새 대화' 버튼을 누르면 투닝 캐릭터 선택창이 나타납니다.

② : 원하는 캐릭터를 선택합니다.

③ : '대화 만들기'를 누르면 선택한 투닝 캐릭터와의 대화창이 나타납니다.

※ Tip!

투닝 캐릭터는 '한국사', '세계사', '과학', '예술', '직업', '선생님'으로 구분되어 제시됩니다.
범위를 선택 후 원하는 인물을 선택해 보세요.

똑똑햄, 여러명과 한번에 대화도 가능해?

당연하지! 원하는 캐릭터 4명까지 한번에 선택하여 대화할 수 있어.

04. 대화창이 나오면 인물에게 원하는 질문을 입력하면 됩니다. 각각의 인물의 성격에 따라 다양한 대답을 얻을 수 있습니다.

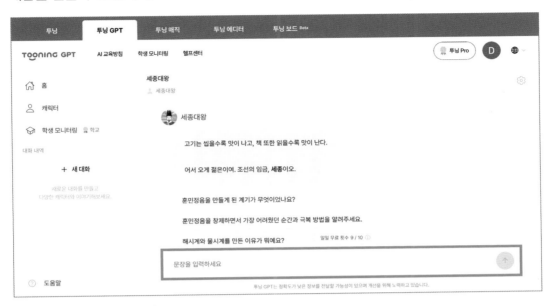

05. 원하는 질문이 잘 생각나지 않을 경우에는 가운데에 있는 예시 질문을 활용할 수 있습니다.

 세종대왕

고기는 씹을수록 맛이 나고, 책 또한 읽을수록 맛이 난다.

어서 오게 젊은이여. 조선의 임금, **세종**이오.

> 훈민정음을 만들게 된 계기가 무엇이었나요?

> 훈민정음을 창제하면서 가장 어려웠던 순간과 극복 방법을 알려주세요.

> 해시계와 물시계를 만든 이유가 뭐예요?

 내가 원하는 답변이 잘 나오지 않아. 어떻게 질문해야 할지 모르겠어.

 질문은 명확한 말로 구체적으로 해야 정확한 대답을 얻을 수 있어. 예시를 보여줄게.
- **이순신이 누구야? (X)**
- **이순신 장군이 무슨 일을 하셨는지 알려줘. (O)**

129

06. 질문을 입력하면 내가 선택한 캐릭터가 대답을 하는 것을 확인할 수 있습니다.

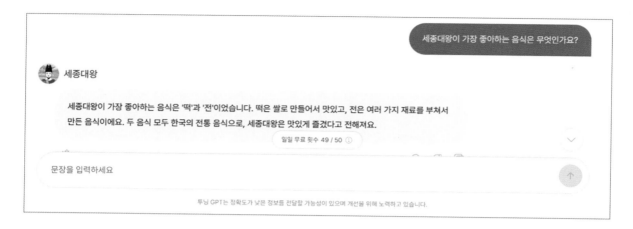

07. 여러 명을 함께 선택하여 대화하면 하나의 질문을 통해 다양한 인물들의 답변을 얻을 수 있습니다.

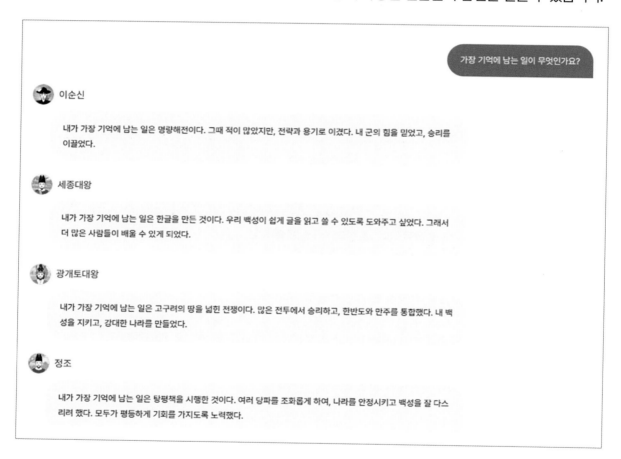

똑똑햄, 오른쪽 위에 있는 톱니바퀴(세부설정)는 뭐야?

 세부 설정에서는 캐릭터의 '대답 난이도'와 '대답 길이', 캐릭터의 '창의성'을 바꿀 수 있어.

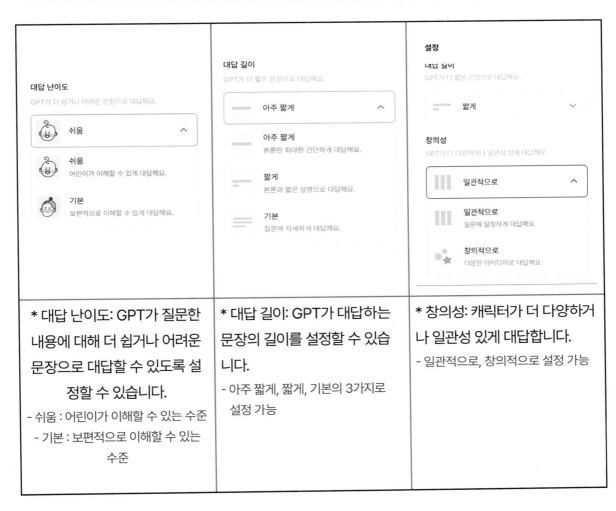

* 대답 난이도: GPT가 질문한 내용에 대해 더 쉽거나 어려운 문장으로 대답할 수 있도록 설정할 수 있습니다. - 쉬움 : 어린이가 이해할 수 있는 수준 - 기본 : 보편적으로 이해할 수 있는 수준	* 대답 길이: GPT가 대답하는 문장의 길이를 설정할 수 있습니다. - 아주 짧게, 짧게, 기본의 3가지로 설정 가능	* 창의성: 캐릭터가 더 다양하거나 일관성 있게 대답합니다. - 일관적으로, 창의적으로 설정 가능

131

투닝 GPT 사용 시 유의사항 알아보기

투닝 GPT를 사용하기 위해선 다음 사항에 유의해야해요. 투닝 GPT 사용 시 유의할 점에 대해 함께 알아봅시다.

1. 인공지능의 윤리적 사용 방법에 대해 알아야 합니다.

요즘 인공지능을 이용한 다양한 범죄, 딥페이크 등 부작용이 많이 일어나고 있습니다. 이러한 일을 막기 위해서는 인공지능을 사용할 때 지켜야 하는 윤리에 대해 배워야 합니다. 투닝GPT 역시 인공지능 기술을 활용한 도구이기 때문에 우리는 투닝GPT를 사용하기 전 인공지능 윤리에 대한 내용을 알아야 합니다.

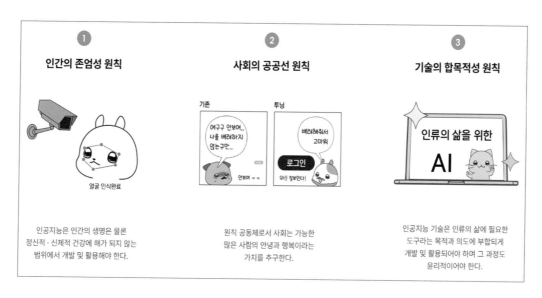

2. 생성형 AI 서비스 이용 시 약관을 통해 사용 가능 연령을 확인해야 합니다.

생성형 AI는 최소 13세 이상의 이용자가 사용 가능합니다. 13세 미만의 이용자가 사용하기 위해서는 학부모나 보호자의 동의가 필요합니다. 투닝 GPT를 활용하여 교육하기 전 보호자의 동의를 꼭 받아야 합니다.

3. 무료 계정으로 사용할 경우 투닝GPT 내 기능 사용의 횟수 제한이 있습니다.

투닝에서는 무료 플랜, 교육용 Pro 플랜, Pro 플랜 등 다양한 요금제로 운영이 되고 있습니다. 따라서 투닝GPT를 사용할 때 요금제에 따라 횟수 제한이 있습니다.

요금제별 기능	무료	Pro
TOONING GPT		
무료 사용 횟수	매일 10회	매일 100회
캐릭터 만들기	×	✓

학습지 QR

배움 맺기

1. 내가 인터뷰하고 싶은 역사적 인물(위인)은 누구인가요?

역사적 인물(위인)	(예시) 세종대왕, 이순신, 광개토대왕, 영조, 정조, 유관순, 안중근, 신사임당, 단군, 김구, 반 고흐, 간디, 마틴 루터 킹, 루이 암스트롱 등..
인물을 선택한 이유	

2. 역사적 인물(위인)에 대한 인터뷰 내용을 적어봅시다.

나의 질문	인물(위인)의 대답

3. 인물(위인)과 대화하며 가장 기억에 남는 말을 써 봅시다.

배움 정리

01	학교에서 배우는 다양한 인물이나 다양한 직업의 사람들, 여러 과목의 선생님과 가상의 대화를 할 수 있는 투닝의 기능을 [□□ □□□]라고 합니다.
02	투닝 GPT에 대한 설명입니다. 옳지 않은 것을 고르시오. (　　　　)

	①	교과서에 나오는 다양한 인물과 대화할 수 있다.
	②	다양한 과목의 선생님과 대화할 수 있다.
	③	다양한 직업의 사람들과 대화할 수 있다.
	④	여러 사람과 동시에 대화가 가능하다.
	⑤	학부모나 보호자의 동의 없이 사용 가능하다.

참고 정답 : 1. 투닝 GPT 2. ⑤

자기 평가

1	투닝 GPT의 기본 기능에 대해 알고 있나요?	☆☆☆☆☆
2	투닝 GPT를 활용하여 인물과 대화를 할 수 있나요?	☆☆☆☆☆
3	투닝 GPT 사용 시 유의사항에 대해 잘 알고 있나요?	☆☆☆☆☆

나의 미래 캐릭터와 대화해 보아요

나의 특징을 담은 미래 모습 캐릭터를 만들어 대화해 봐요!

배움 주제

나의 미래 모습 캐릭터를 만들어 나의 진로를 계획해 봅시다.

나의 꿈은 멋지게 아이들을 가르치는 선생님이야!
동글아, 네 꿈은 뭐야?

난 커서 훌륭한 과학자가 되는 것이 꿈이야!

이렇듯 **'우리가 미래에 하고 싶은 목표를 설정하고 실천해 나가는 것'**을 진로라고 해.
다음 질문에 답해 보면서 너의 진로에 대해 생각해볼래?

질문	답
1. 내가 좋아하는 것은?	
2. 나의 취미는?	
3. 나의 장점은?	
4. 내가 관심있어 하는 직업은?	
5. 나는 [　　　　　　　　　　] 를 할 때 기분이 좋아요.	
6. 나는 커서 [　　　　　　　　　　] 사람이 되고 싶어요.	

나의 진로를 계획하기 위해서는 먼저 '나'에 대해 아는 것이 중요해. 내가 잘하는 것, 내가
좋아하는 것, 내가 하고 싶은 것 등 나에 대해 아는 것이 진로의 첫 번째 단계라 할 수 있지!

투닝 배움

01. 투닝 홈페이지에서 투닝 GPT를 클릭합니다.

그리고 다음의 순서를 따라하면 나의 캐릭터를 만들 수 있습니다.

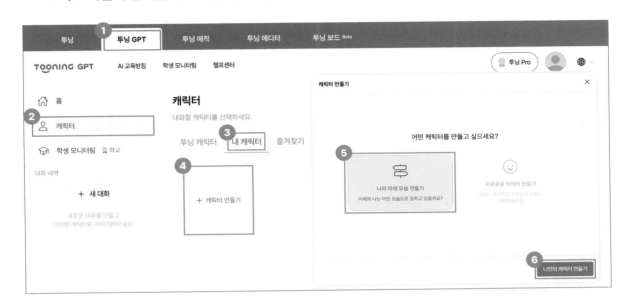

① 투닝 홈페이지 상단의 '투닝 GPT'를 선택합니다.

② 왼쪽 '캐릭터'를 선택합니다.

③ '내 캐릭터'를 선택하면 내가 만들었던 캐릭터가 나오거나 새로운 캐릭터를 만들 수 있습니다.

④ '+ 캐릭터 만들기'를 선택하면 캐릭터 만들기 창이 나옵니다.

⑤ 캐릭터 만들기 창에서 '나의 미래 모습 만들기'를 선택합니다.

⑥ '나만의 캐릭터 만들기'를 선택하여 캐릭터 만들기를 시작합니다.

 캐릭터 만들기에서는 **'나의 미래 모습 만들기'**와 원하는 캐릭터를 자유롭게 만들 수 있는 **'자유로운 캐릭터 만들기'** 중 하나를 선택할 수 있어!

 오늘은 '나의 미래 모습 만들기'를 해 볼거야!

02. '기본 정보'에서는 캐릭터의 프로필 이미지, 캐릭터 이름, 캐릭터의 직업을 정할 수 있습니다.
　　이미지, 이름, 직업을 정했으면 다음을 클릭합니다.

① : 캐릭터의 프로필을 바꿀 수 있습니다. '기본 이미지 바꾸기'를 선택하면 무작위의 캐릭터 이미지로 변경된다. '이미지 첨부'를 선택하면 컴퓨터에 있는 이미지를 활용하여 프로필을 변경할 수 있습니다.

② : 캐릭터의 이름을 정할 수 있습니다. 이름의 길이는 최소 1자부터 최대 20자까지 가능합니다.

③ : 캐릭터의 직업을 선택할 수 있습니다. 최대 3가지의 직업을 선택할 수 있으며 원하는 직업이 없다면 '직업 입력'을 선택하여 원하는 직업을 정할 수 있습니다.

03. '캐릭터 성격'에서는 4가지의 질문을 통해 캐릭터의 성격을 정합니다.
　　4가지의 질문에 원하는 대답을 한 후 다음을 클릭합니다.

03. '캐릭터 성격'에서는 4가지의 질문을 통해 캐릭터의 성격을 정합니다.

4가지의 질문에 원하는 대답을 한 후 다음을 클릭합니다.

질문1은 MBTI 성격테스트 중 E(외향),N(내향)과 관련된 내용을, 질문2는 N(직관), 감각(S)과 관련된 내용을, 질문3은 감정(F), 사고(T)와 관련된 내용을, 질문4는 P(인식), J(판단)과 관련된 내용을 담고 있습니다.

똑똑햄, MBTI가 뭐야?

MBTI는 개인의 성격을 분류하는 방법 중 하나야.

MBTI의 성격 유형은 아래와 같이 분류할 수 있어!

[외향적 성격(E) ― 내향적 성격(I)]

[구체적인 사실과 현실에 집중(S) ― 가능성에 집중(N)]

[논리적이고 객관적(T) ― 감정을 중시(F)]

[계획적(J) ― 즉흥적(P)]

여러분의 MBTI는 뭔가요?   [   ]

04. '확인'에서는 내가 만든 캐릭터의 이름, 직업, 자신을 소개하는 말을 확인할 수 있습니다.

캐릭터 만들기를 누르면 내가 만든 캐릭터가 생성됩니다.

※ 유의사항

- 유닝 GPT의 일 무료 사용 횟수는 요금제에 따라 달라집니다.
- 무료 계정은 매일 10회, Pro 계정은 매일 100회, 교육용 계정은 매일 50회가 제공됩니다.
- '캐릭터 만들기'는 무료 계정에서는 사용할 수 없습니다.

배움 맺기 나의 미래 모습 캐릭터를 만들고 대화해 봅시다.

학습지 QR

1. 다음의 조건을 생각하며 나의 미래 모습 캐릭터를 만들어 봅시다.

캐릭터 생성 조건
조건1. 나와 어울리는 프로필 만들기
조건2, 나의 이름이나 별명을 이용하여 이름 짓기
조건3. 내가 원하는 직업 3가지 선택하기
조건4. 나의 성격과 비슷한 캐릭터 만들기

2. 내가 만든 캐릭터를 선택하여 대화해 봅시다. 이때, 나의 진로 달성을 위해 다양한 질문을 해 봅시다.

질문 예시	
1. 나는 OO이 되고 싶어. 내가 지금부터 어떤 활동을 하면 도움이 될까?	
2. 너의 꿈을 이루기 위해 내가 해야할 일은 무엇이 있을까?	
3. 너의 꿈을 이루기 위해 너는 어떠한 노력을 했니?	
4. 너의 직업을 갖기 위해서 내가 해야할 일을 구체적으로 알려줘.	
질문을 통해 새롭게 알게 된 점	

※ 〈더 알아봅시다〉

   - 현재는 사라진 직업과 미래에 새로 생길 직업에는 어떤 것들이 있을까요?

배움 정리

01	투닝 GPT에서는 교과서에 나오는 인물과 대화를 할 수 있는 기능 외에도 내가 원하는 직업을 가진 나의 미래 모습 캐릭터를 만들 수 있는 기능이 있다. (O / X)
02	투닝 GPT의 '캐릭터 만들기'에 관한 설명이다. 옳지 않은 것은 무엇인가요? ( )

①	교과서에 나오는 다양한 인물과 대화할 수 있다.
②	다양한 과목의 선생님과 대화할 수 있다.
③	다양한 직업의 사람들과 대화할 수 있다.
④	여러 사람과 동시에 대화가 가능하다.
⑤	학부모나 보호자의 동의 없이 사용 가능하다.

자기 평가

1	나의 미래 모습 캐릭터를 만들 수 있는가?	☆☆☆☆☆
2	나의 미래 모습 캐릭터에게 나의 진로 달성을 위한 다양한 질문을 할 수 있는가?	☆☆☆☆☆

웹툰 작가가 되어보아요

이야기 구조에 맞게 이야기를 만들고 웹툰으로 만들어 보아요!

배움 주제

웹툰 작가가 되어 이야기 구조에 맞게 웹툰을 완성해 봅시다.

여러분은 **이야기의 구조**를 알고 있나요?
작가가 자신의 의도에 따라 사건들을 짜임새 있게 배열한 것을 **이야기의 구조**라고 해요.

 이야기의 구조요? 백설공주나 흥부와 놀부 같은 이야기 읽는 건 좋아하는데,
이야기에도 구조가 있나요?

 이야기는 갈등을 중심으로 진행되고 해결되는 과정에 의해 만들어져요.
5단계로 **발단-전개-위기-절정-결말**로 구성되어 있는데 각 단계가 어떤 의미가 있는지
연결해 보세요!

발단 •   • 갈등이 해결되며
                          사건이 마무리되는 단계

전개 •   • 사건이 본격적으로 진행되고
                          갈등이 드러나는 단계

위기 •   • 갈등이 점차 깊어지면서
                          긴장감과 위기감이 고조되는 단계

절정 •   • 갈등이 최고조에 도달하는 단계

결말 •   • 인물과 배경이 제시되고
                          사건이 시작되는 단계

참고 정답 : (상에서부터) 3-1-4-2-5

백설공주 이야기 구조는 다음과 같아요.

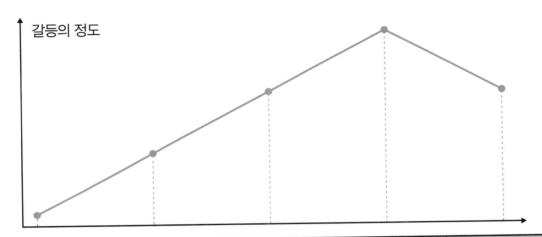

발단	전개	위기	절정	결말
마법거울이 세상에서 가장 예쁜 사람이 백설공주라 하자 새 왕비는 백설공주를 미워하기 시작했어요.	백설 공주는 새 왕비에게 쫓겨나 입곱 난쟁이와 숲 속에서 살게 되었어요.	일곱 난쟁이가 일을 간 사이에 새 왕비가 사과 장수 할머니로 변해 백설공주에게 독사과를 주었어요.	사과 장수 할머니가 건네준 독사과를 먹은 백설공주는 깊은 잠에 빠지고 말았어요.	이웃 나라 왕자가 나타나 백설공주를 살려 오래오래 행복하게 살았어요.

 이제 이해가 되네요! 흥부와 놀부 이야기에는 이렇게 이야기 구조가 있는거죠?

( )	( )	( )	( )	( )
흥부가 다리 다친 제비를 고쳐 주었어요.	제비가 박씨를 물고 와 흥부가 부자가 되었어요.	놀부는 일부러 제비 다리를 부러트려 고쳐 주었어요.	제비가 박씨를 물고 왔으나 박에서 도깨비가 나타나 놀부가 벌을 받았어요.	마음씨 착한 흥부가 놀부를 도와 함께 행복하게 살았어요.

 맞아요! 모든 이야기에는 이야기 구조가 있답니다!
여러분도 이야기를 만든 후에 이야기로 웹툰을 만들어 봅시다.

01. 투닝 에디터 드로잉을 누르고 드로잉 생성을 클릭하여 장면별 밑그림을 그린 후 적용을 클릭합니다.

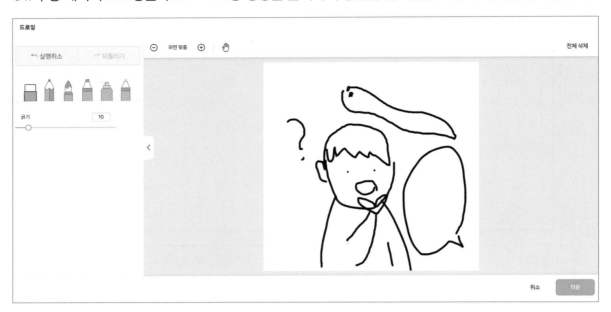

02. 드로잉을 원하는 크기로 조정합니다.

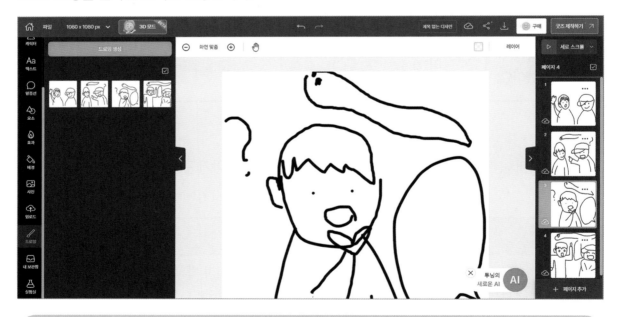

Quiz! 웹툰을 만들기 전 밑그림을 그리는 이유는?

① 웹툰 만드는데 심심해서

② 내 그림 솜씨 뽐내기 위해서

③ 장면별로 캐릭터, 요소를 적절한 위치에 놓는 스케치를 위해서

⑤ : 답양 즈퀴

03. 장면에 어울리는 배경과 캐릭터를 선택합니다.

Tip!
레이어에서 배경을 클릭한 뒤를 🔓 를 눌러 움직이지 않게 🔒 으로 해둔 후 편집하면 훨씬 편리합니다.

02. 캐릭터의 크기와 위치를 조절하고 표정과 자세를 장면에 어울리게 변경한 후,
　　 말풍선을 선택하여 대사를 적습니다.

 웹툰에서 말풍선은 왼쪽에서 오른쪽, 위에서 아래로 놓는 것이
이야기의 흐름대로 읽기 쉽습니다.

05. 장면이 완성되면 오른쪽 위 레이어를 클릭한 뒤 마우스 스크롤을 아래로 내려 'drawing(드로잉)'을 선택하여 삭제 버튼이나 Delete키를 누릅니다.

06. 드로잉 레이어가 삭제되며 장면이 깔끔하게 완성됩니다.

09. 요소에 원하는 것이 없다면 사진을 업로드해서 클릭 후 배경 제거 적용하기를 클릭합니다.

미꾸라지 그림 출처 : 네이버

10. 필요에 따라 이미지를 크기나 각도를 조절해서 웹툰을 완성합니다.

 발단, 전개, 위기, 절정, 결말 이야기 구조를 생각하며
웹툰으로 만들고 싶은 이야기를 적어 봅시다.

학습지 QR

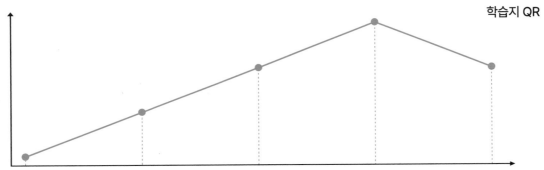

발단	인물과 배경이 제시되고 사건이 시작되는 단계
전개	사건이 본격적으로 진행되고 갈등이 드러나는 단계
위기	갈등이 점차 깊어지면서 긴장감과 위기감이 고조되는 단계
절정	갈등이 최고조에 도달하는 단계
결말	갈등이 해결되며 사건이 마무리되는 단계

※ 내가 만든 이야기에 따라 투닝 에디터로 장면별 드로잉을 한 후 웹툰을 완성해 봅시다.
  웹툰을 완성한 후 투닝 보드에 올려 친구들과 공유해 봅시다.

배움 정리

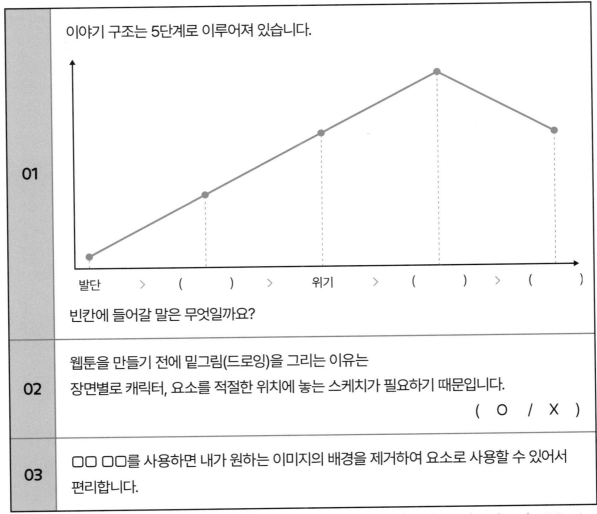

01 이야기 구조는 5단계로 이루어져 있습니다.

발단 > ( ) > 위기 > ( ) > ( )

빈칸에 들어갈 말은 무엇일까요?

02 웹툰을 만들기 전에 밑그림(드로잉)을 그리는 이유는
장면별로 캐릭터, 요소를 적절한 위치에 놓는 스케치가 필요하기 때문입니다.
(O / X)

03 ○○ ○○를 사용하면 내가 원하는 이미지의 배경을 제거하여 요소로 사용할 수 있어서
편리합니다.

배움 정리 정답 : 1) 전개, 절정, 결말 2) O 3) 배경 제거기

자기 평가

1	이야기 구조에 따라 이야기를 구성해 보았나요?	☆☆☆☆☆
2	내가 만든 이야기로 웹툰을 완성해 보았나요?	☆☆☆☆☆

PART
3

DAY 1

그림 퀴즈

인원수 : 2명 이상

난이도 : ★★☆☆☆

게임 소개

사용 기능 : 투닝 에디터, 투닝 보드

 '그림 퀴즈'는 주제와 관련된 그림을 그리고 맞추는 퀴즈입니다. 한 사람이 주제와 관련된 그림을 재미있게 그리면, 나머지 사람들은 그 그림을 보고 어떤 그림인지 댓글로 맞추는 게임입니다.

 아~ 심심하다!
나랑 투닝으로 그림 퀴즈 할 사람?

 나도 같이 할래! 어떻게 하는 거야?

 스마트 패드랑 터치펜만 있으면 돼!
게임 규칙은 다음과 같아.

게임 규칙

1 참가하는 학생들이 그릴 순서를 정하기

2 한 명이 머릿속으로 생각한 생각한 단어를 제한 시간 안에 **투닝 에디터**로 그리기

3 **투닝 에디터**로 완성한 그림을 **투닝 보드**에 공유하기

4 나머지 사람들은 **투닝 보드**에 올려진 그림을 보고 정답을 댓글로 맞추기

5 가장 먼저 맞춘 사람이 점수 획득!

게임 진행 방법

 짜잔! **투닝 에디터**에서 **드로잉**으로 그려봤어!

이건 뭐게?

 빵...물고기...?

붕어빵?!!!

 정답!

투닝 에디터 요소를 활용해서 문제를 낼 수도 있지!

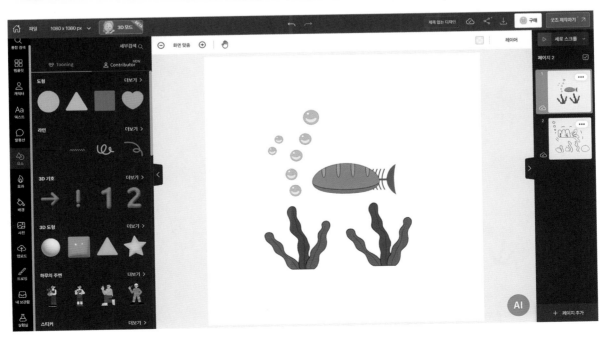

155

요소로는 어떻게 만드는 거야?

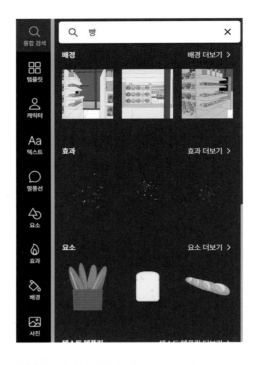

 투닝 에디터에 **통합 검색 기능**이 있잖아!
거기서 검색해서 필요한 요소를 문제 낼 때 활용하면 되지!

 뭐해? 재밌겠다!
나도 시켜줘

 그럼 내가 그림을 그려서 **투닝 보드**에 공유할게.
정답을 댓글로 먼저 단 사람이 승리~!

게임 장점

단어를 그림으로 표현해보니 다양한 아이디어를 생각하게 되니깐
창의적인 표현력이 향상되는 것 같아!

나같이 그림을 잘 그리지 못하는 사람도 재미있게 참여할 수 있어서
편하게 즐길 수 있는 것도 좋아!

Tip

① 색깔·난이도와 같은 세부적인 규칙들을 바꾸어 가며 진행하면 다양하게 즐길 수 있습니다.

② 주제를 하나로 정해 단어를 떠올리거나 인터넷에 단어를 검색해 봐도 좋습니다.

③ 타이머를 이용하여 시간을 정해서 게임을 진행하면 긴장감 있게 할 수 있습니다.

자기평가

1	**투닝 에디터 드로잉**을 이용해서 그림 퀴즈를 낼 수 있나요?	☆☆☆☆☆
2	**투닝 에디터 요소**를 이용해서 그림 퀴즈를 낼 수 있나요?	☆☆☆☆☆
3	**투닝 보드**에 그림 퀴즈를 올릴 수 있나요?	☆☆☆☆☆

학습지 QR

설명! 그림 그리기

인원수 : 2명 이상

난이도 : ★★☆☆☆

게임 소개

사용 기능 : **투닝 보드 , 투닝 에디터**

'설명! 그림 그리기'는 그림에 대한 설명을 읽거나 들은 후, 상상을 바탕으로 그림을 그려 설명된 그림과 비슷하게 그리는 게임입니다. 출제자의 그림에 대한 설명을 듣고 최대한 똑같이 그려봅시다.

설명! 그림 그리기, 시작할 준비 됐어?

잠깐만!
스마트 패드랑 터치펜만 준비하면 되지?

응, 간단한 규칙을 다시 알려줄게~

게임 규칙

1 출제자가 그림에 대한 설명을 읽거나 보여주기

2 설명을 읽거나 들은 후 설명에 맞게 그림 그리기

3 자신이 그린 그림을 **투닝 보드**에 공유하여 비교하기

자 이제, 설명 시작한다~
설명을 듣고 여러분들도 같이 그려보세요!

설 명

1. 네모에 가까운 동그라미 모양의 얼굴을 가진 토끼 캐릭터입니다.

2. 귀가 2개 달려있어요.

3. 눈은 감은 채 웃고 있고, 코는 검은콩 모양이에요.

4. 입에서 핑크색 혀를 내밀고 있어요.

5. 양손으로 따봉을 날리고 있고, 발은 핑크색 모양이에요.

 첫 번째는, 네모에 가까운 동그라미 모양의 얼굴을 가진 토끼 캐릭터야.

 다 그렸어~ 다음 설명!

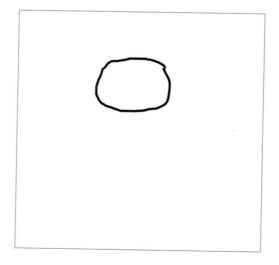

두 번째! 귀가 2개 달려 있어.

 다 그렸어~ 다음 설명!

 세 번째! 눈은 감은 채 웃고 있고, 코는 검은콩 모양이야.

 다 그렸어~ 다음 설명!

네 번째! 입에서 핑크색 혀를 내밀고 있어.

 다 그렸어~ 다음 설명!

 큭큭, 결과가 기대되네.
마지막은, 양손으로 따봉을 날리고 있고 발은 핑크색 모양이야.

 다 그렸어~ 나 잘 그렸어??

내가 설명한 캐릭터는 ~ 바로 투닝즈!

 뭐야! 투닝즈 캐릭터였어?
큭큭, 내가 그린 그림이랑 완전 다르네.

 어때? 설명을 들으면서 상상하며 그리니깐 재밌지?

 응! 다른 사람들이랑 같이 하면 같은 설명이지만,
다양한 그림이 나오는 재미도 있을 것 같아.

게임 장점

 설명! 그림 그리기 게임은 설명을 정확하게 듣고 그려야 하기 때문에
경청 능력과 집중력을 키울 수 있겠지?

 응! 그리고 너가 설명한 내용을 들으니 같은 그림이라도 사람마다 다르게 표현함을 이해
하고 존중할 수 있었어!

Tip

① 채점 기준을 만들면 그림 대결도 가능해요.
예시) 눈을 동그랗게 그린다 – 1점 / 웃고 있는 입을 그린다 - 1점

② 그림을 그리다 실수했을 때는 **지우개**로 지우기, 또는 **실행 취소(ctrl+z)**를 눌러
다시 그릴 수 있어요.

③ 활동 후에 설명과 그림을 비교하는 시간을 가지면 표현력을 더욱 성장시킬 수 있어요.

자기평가

01	그림에 대한 내용을 타인이 이해할 수 있도록 설명할 수 있나요?	☆☆☆☆☆
02	설명을 집중하여 듣고 설명대로 그림을 그릴 수 있나요?	☆☆☆☆☆
03	게임에 참여하면서 다른 사람들의 생각을 존중할 수 있나요?	☆☆☆☆☆

학습지 QR

DAY 3

제목 작명가

인원수 : 1명 이상

난이도 : ★★☆☆☆

게임 소개

사용 기능 : 투닝 에디터, 투닝 매직, 투닝 보드

'제목 작명가'는 말 그대로 작명가가 되어보는 것입니다. **투닝 매직**을 활용해 그림을 만들어 관찰하고, 그림에 대한 재미있는 제목을 직접 만들어 봅시다.

재미있는 그림을 직접 만들어 제목을 만들어볼까?

좋아! 이번에는 어떤 준비물이 필요할까?

투닝과 적극적인 자세만 있으면 돼! 규칙을 안내할게~

게임 규칙

1 **투닝 매직**에서 재미있는 사진이나 그림 만들기

2 사진을 저장하여 **투닝 보드**에 자신이 생각한 제목과 함께 올리기

3 보드 안 다른 사진들도 구경하며 제목 작명해보기

게임 진행 방법

 예시로 투닝을 이용한 다른 사람들이 올린 **모두의 보드**에 있는 작품들을 소개할게.

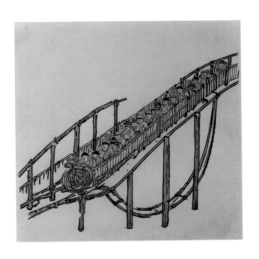

 열차 같은데, 과연 제목을 뭐라고 붙였을까?

 작품의 제목은 바로
조선 익스프레스!! 재치넘치지 않아?

 완전 재치 만점! 나도 조선 익스프레스 타보고 싶어.

너구리가 뭘 만들고 있는 거지?
제목이 뭘까?

 작품의 제목은 바로~
너구리 라면을 만들고 있는 너구리!

 그래서 레시피 같은 것을 보고 있는 거였구나!
투닝 매직으로 이렇게 재미있는 그림들을 만들 수가 있다고?

 호랑이가 오토바이를 타네?
음.. 제목은 호랑이 오토바이 타던 시절?

 그 제목도 유머스럽다!
근데 더 재미있는 제목을 붙이셨더라고~ 제목은 바로 **나 살쪘나?**

 큭큭, 제목을 알고 나니 호랑이의 새초롬한 표정이 보이는 것 같아.
공감도 되고 정말 재미있게 작명하신 것 같아.

예시 작품을 다 구경했으니, 이제 우리도 만들어볼까?

좋아! 어떻게 만드는지 보여줄 수 있어?

그래, 최근에 웃겼던 일이 뭐가 있었더라?
수학익힘 숙제를 안 해서 짝지를 쳐다봤는데 짝지도 숙제를 안 해서 웃겼었어.

그럼 그 내용을 '투닝 매직 - 글로 생성'에 들어가서 적어서 그림을 만들면 되지?

맞아! 그럼 일단 사진 먼저 만들어봐야겠다.
프롬프트는 <친구끼리 함박웃음 지으며 웃고 있는 모습>으로 입력해볼게!

응응! 어떤 그림이 나오려나?

내가 좋아하는 작가인 김홍도 화풍으로 만들어봤어!
이 그림도 재밌는데 짝과 둘이 웃는 그림으로 다시 만들어야겠어.

아하~ 그러면 프롬프트를 수정해서 다시 만드는 거지?
어떻게 수정할 건지 궁금해.

<두 소년이 함박웃음 지으며 웃고 있는 모습>으로 바꿔서 다시 만들어볼게~

 됐다! 만들어진 사진을 보니 저번 주에 있었던 즐거운 일이 막 떠올라.

 그럼 이제 제목만 지으면 되겠다!
그냥 있었던 일을 제목으로 넣는 거야?

 맞아, 그래서 제목은 ~
<너도 수학 익힘 숙제 안 했어?> 그대로 적었어!

 큭큭, 나도 한 번 만들어봐야지~

게임 장점

작명할 때 유머나 말장난을 많이 활용하면서 자연스럽게 유머 감각을 발달시킬 수 있겠지?

응! 그리고 생각지도 못한 엉뚱하고 기발한 아이디어를 내는 과정에서
친구들과 재미있게 웃을 수 있는 기회를 가질 수 있는 것도 큰 장점인 것 같아.

Tip

1 **〈모두의 보드〉**에 들어가서 다양한 작품을 구경하고, 다른 제목을 직접 지어봐도 재밌어요.

2 재미있게 만든 작품들은 **〈모두의 보드〉**에 공유하면 다른 사람들도 같이 즐길 수 있어요.

3 재미에 집중하여 부담을 느낄 필요는 없어요. 생각나는 대로 가볍게 제목을 작명해 보세요!

자기평가

01	**투닝 매직**을 활용하여 재미있는 그림을 만들 수 있나요?	☆☆☆☆☆
02	작품에 재미있는 제목을 작명할 수 있나요?	☆☆☆☆☆
03	작명한 작품을 **투닝 보드** 또는 **모두의 보드**에 공유할 수 있나요?	☆☆☆☆☆

학습지 QR

도전! 똑같은 그림 만들기

인원수 : 1명 이상

난이도 : ★★☆☆☆

게임 소개

사용 기능 : **투닝 매직**

상상하는 모습이나 풍경을 프롬프트로 입력해 AI로 쉽게 만들 수는 있지만, 반대로 주어진 그림과 비슷한 그림을 AI 기능을 이용하여 만드는 것을 쉽게 할 수 있을까요? 알맞은 프롬프트를 제시하여 주어진 그림과 최대한 비슷한 그림을 만들어 봅시다.

재미있는 그림을 직접 만들어 제목을 만들어볼까?

당연하지! 프롬프트 작성법도 배웠다구~

그럼 프롬프트 작성 방법을 이용하여 똑같은 그림을 한 번 만들어볼까?

게임 규칙

1 주어진 그림을 자세히 관찰하기

2 그림을 묘사하는 프롬프트를 상세하게 작성하기

3 **'투닝 매직 - 글로 생성'** 기능에 프롬프트를 작성하여 제시된 그림과 비슷한 그림 생성하기

게임 진행 방법

자, 내가 **투닝 매직**으로 먼저 만들어본 그림을 보여줄게.
어떤 프롬프트가 작성되었을지 예측해서 만들어볼래?

조건 : 화풍 없음, 사진 스타일

음, 알겠다. 두 명의 남자, 해변, 음료수가 들어간 프롬프트일 것 같은데?

내가 만든 프롬프트와 같은 프롬프트를 입력하더라도 나날이 발전하는 **〈투닝 매직〉**
기술 덕분에 완벽하게 똑같이 만들기는 어려워. 정답 공개는 다음페이지에서!

조건 : 화풍 없음, 사진 스타일

 <두 명의 남자가 해변에 있는 의자에 앉아 음료수를 마시고 있음>
을 입력해서 만들어봤어! 어떤 프롬프트를 입력했었어?

 우와 꽤 비슷한데? 내가 입력했던 프롬프트는, <야자수 아래에서 의자에 앉아 서로를 바라보며 음료수를 들고 있는 두 명의 사람>이었어!

 아, 야자수 단어를 빼먹었구나. 프롬프트를 꼼꼼하게 작성하는 게 쉽지 않네.
다음 문제도 만들어볼래!

좋았어, 다음 사진도 만들어볼까?

조건 : 화풍 없음, 사진 스타일

 이번에는 처음 제시한 사진보다 조금 더 복잡할 것 같은데?
일단 소녀, 검은 고양이, 겨울 단어가 들어갔을 것 같아.

 비슷한 사진을 만들어냈다는 것만 해도 AI에게 좋은 명령을 내렸다는 뜻이지.
여러 번 수정해서 천천히 만들어봐!

조건 : 화풍 없음, 사진 스타일

 어때? 아까보다 더 비슷하게 잘 만들었지!!
이번에는 <추운 겨울에 목도리를 끼고 있는소녀가 검은 고양이 앞에 서 있음>을 입력했어.

 우와, 이 사진은 거의 똑같은데? 내가 입력했던 프롬프트는 <추운 겨울에 지나다니는 고양이를 쳐다보며 웃고 있는 어린 소녀, 목도리와 장갑을 끼고 있음. 주변에는 소녀의 어머니가 기다리고 있음> 이었어.

 뒤에 사람이 있었던 게 프롬프트를 어머니라고 입력해서 그랬구나.
이제는 빠짐없이 모두 프롬프트에 입력해서 만들어보겠어!

게임 장점

비슷한 사진을 만들면서 프롬프트를 수정하고 개선하게 될거야.
그 과정에서 문제 해결 능력을 기를 수 있었지?

맞아, 그리고 같은 사진을 보고 각기 다른 프롬프트를 생각해내는 게 신기했어.
세상에는 정말 다양한 표현들이 있음을 존중하게 되었어.

Tip

1 **세부 설정**(제외 단어, 시드 값, 생성 단계, 원본 텍스트 반영 정도)을 조정하여
만들어질 그림을 수정할 수 있습니다.

2 처음부터 똑같은 그림을 만들기란 불가능합니다.
프롬프트 수정을 통해서 비슷한 그림을 만들어보세요.

3 투닝 Pro 기능을 활용하면 일일 15장의 이미지를 **투닝 매직**으로 만들 수 있습니다.

자기평가

01	그림에 어떤 요소들이 있는지 자세히 관찰할 수 있나요?	☆☆☆☆☆
02	프롬프트를 입력하고 세부 설정을 조정하여 그림을 만들 수 있나요?	☆☆☆☆☆
03	프롬프트 수정을 통해서 비슷한 그림을 만들기 위해 노력했나요?	☆☆☆☆☆

학습지 QR

DAY 5

나만의 보드게임 만들기

인원수 : 1명 이상

난이도 : ★★☆☆☆

179

게임 소개

사용 기능 : **투닝 에디터**

보드게임을 해본 적 있나요? 보드게임을 즐길 때 보드게임의 디자인도 아주 중요합니다.
잘 디자인된 보드게임은 재미와 몰입감을 높여 사람들이 더 즐길 수 있게 도와줍니다.
우리도 직접 보드게임을 만들어볼까요?

보드게임 하고 싶다~ 혹시 보드게임 좋아해?

당연하지~ 근데 좋아하는 보드게임들을 다 사려면 용돈으로는 감당이 안 돼..

그러니깐 오늘 우리는 투닝을 이용해서 만들어보자구!

게임 규칙

1 게임에 필요한 카드나 캐릭터 구상하기

2 **투닝 에디터 요소, 사진, 드로잉 기능**을 활용하여 준비물 만들기

3 이미지를 저장하여 알맞은 크기로 인쇄하기

만드는 방법

 일단 나는 마피아 게임을 너무 좋아하는데, 카드가 있으면 좋겠다는 생각이 들어서
한 번 만들어볼거야. 내가 만든 마피아 카드 어때?

마피아

 우와 카드로 하는 마피아 게임이네? 귀여운 캐릭터인줄 알았는데,
밑에 글자를 추가하니 마피아 캐릭터가 잘 어울리네!

 응, 투닝에 나오는 캐릭터 밑에 텍스트를 추가해서 카드를 만들어봤어.
다른 카드들은 같이 만들어보자!

마피아 게임을 하려면 시민도 있어야겠지?

시민 캐릭터는 이 캐릭터를 이용해서 만들어보자.

 좋아, 근데 놀라는 표정과 행동 말고 차분한 모습의 시민이면 좋을 것 같은데?

 그래? 그러면 캐릭터의 표정과 행동을 바꾸면 되지~!

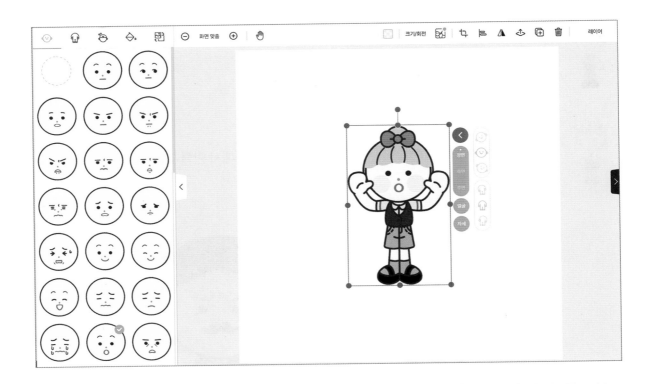

 캐릭터를 클릭해서 왼쪽 위나 캐릭터 오른쪽을 눌러 표정이나 행동 바꿀 수 있겠지?

 좋아, 텍스트도 추가하자!

시민

의사와 경찰 카드도 있으면 더 재밌을 것 같은데?

 응, 아까처럼 캐릭터의 표정과 행동을 바꾸고 텍스트 추가해서 만들자!

의사

경찰

 만들고 나니 근사하다~ 우리가 만든 카드로 마피아 게임을 해보자!

 좋아~ 그리고 다른 보드게임들도 만들어보자!

게임 장점

카드의 디자인과 내용을 모두 스스로 결정하여 만들 수 있어 더 특별하지?

응, 그리고 직접 만든 카드로 게임을 하니 더 재밌어!
그리고 내가 만든 보드게임을 친구들과 같이 즐기니 뿌듯하기도 해~

Tip

1 보드게임을 직접 만들기 전에 자신이 어떤 게임들을 좋아하는지 생각해보세요.

2 직접 카드를 만들어 보드게임을 구매하는 비용을 아낄 수 있습니다.

3 **투닝 매직**을 활용해 보드게임에 필요한 캐릭터나 배경을 만들어도 좋습니다.

자기평가

01	자신이 좋아하는 보드게임을 떠올릴 수 있나요?	☆☆☆☆☆
02	보드게임에 필요한 준비물을 생각하여 직접 만들 수 있나요?	☆☆☆☆☆
03	직접 만든 보드게임으로 재밌게 게임을 즐길 수 있나요?	☆☆☆☆☆

학습지 QR

DAY 6

그림 이어그리기

인원수 : 3명 이상

난이도 : ★☆☆☆☆

게임 소개

사용 기능 : **투닝 에디터**

그림 이어그리기는 팀 게임입니다. 한 사람이 제시된 주제어를 확인하여 그림을 그리면, 나머지 사람들이 이어서 그림을 그려 주제어를 완성합니다.

그림 이어그리기 게임 해본 적 있어?

응, 전에는 스케치북으로 해본 적 있어!

나도 할래! 스케치북 대신 태블릿 기기만 하나 준비할게~

게임 규칙

1️⃣ 첫 번째 사람이 주제를 정해 **드로잉**에 10초 그림 그리기

2️⃣ 두 번째 사람은 주제를 예상하여 남아있는 부분을 바탕으로 이어서 그림 그리기

3️⃣ 모든 사람이 이어서 그림을 다 그리면, **투닝 보드**에 올려 각자 정답을 맞추기

동물을 주제로 해서 **투닝 에디터 - 드로잉**에 첫 번째 그림을 그려볼게.

 예상이 가는데? 내가 두 번째로 이어그린다~

우와 잘 그렸는데? 색을 넣어서 마지막 완성할게!

 투닝 보드에 올렸어. 내가 생각한 주제는 과연 뭘까?

정답은 바로 ~ 토끼 !!

 맞았어! 이번에는 순서를 바꿔서 그려볼까? 내가 마지막에 그려서 맞춰볼게.

189

알겠어, 그럼 내가 첫 번째로 그려볼게. 이번에도 주제는 동물이야~!

 어떤 느낌인지 곧바로 알아챘지~ 이어서 그려볼게!

생각보다 너무 잘하는데? 마지막은 내가 완성해볼게!

 정답은 바로 ~ 판다!!

 정답이야~! 우리 마음이 잘 통하는 걸?

게임 장점

 우리가 그림을 독특하게 이어가면서 엉뚱한 그림들이 나오니깐 정말 많이 웃을 수 있었어.
이 게임을 하고 나니깐 더 친해진 느낌?

 맞아, 그리고 친구들이 어떤 표현 방식과 생각을 가지고 그렸는지
알 수 있는 시간이 되어 좋았어.

 그리고 차례를 기다리면서 어떻게 이어갈지 신중하게 생각을 하고,
짧은 시간 안에 그려야 해서 집중력 높이는 데에도 도움이 됐어!

Tip

① 대주제를 미리 정한 다음 게임을 진행하면 대주제 방향에 맞는
비슷한 그림들을 이어 그릴 수 있습니다. (예시. 대주제 : 동물, 직업, 음식)

② 이어 그리는 순서를 매번 바꿔서 진행해도 재밌습니다.

③ 친구나 다른 사람의 표현 방식을 존중하며 게임에 참여하면 모두가 함께 즐길 수 있습니다.

자기평가

01	**투닝 에디터**에 **드로잉** 기능을 활용해서 그림을 그릴 수 있나요?	☆☆☆☆☆
02	다른 사람이 그린 그림을 관찰하여 주제에 맞게 이어그릴 수 있나요?	☆☆☆☆☆
03	다른 사람들의 다양한 표현 방식을 존중할 수 있나요?	☆☆☆☆☆

학습지 QR